C.H.BECK WISSEN

in der Beck'schen Reihe

W0306319

Vom lateinischen Ursprung des «Klassischen» als des Mustergültigen ausgehend, gibt das Buch einen Überblick über die Bedeutungen, die der Begriff im Laufe der Geschichte angenommen hat. Internationaler und nationaler Gebrauch gehen dabei verschiedene Wege. Denn «Klassik» ist ein Wort, das nur die deutsche Sprache kennt.

Gerhard Schulz ist Professor emeritus für deutsche Sprache und Literatur an der Universität Melbourne.

Sabine Doering ist Professorin für Neuere deutsche Literatur an der Carl von Ossietzky-Universität Oldenburg.

Gerhard Schulz
Sabine Doering

KLASSIK

Geschichte und Begriff

Verlag C. H. Beck

Der Alexander von Humboldt-Stiftung
gilt Dank für die Förderung der Arbeit an diesem Buch.

Originalausgabe
© Verlag C. H. Beck oHG, München 2003
Gesamtherstellung: Druckerei C. H. Beck, Nördlingen
Umschlagentwurf: Uwe Göbel, München
Printed in Germany
ISBN 3 406 50829 4

www.beck.de

Inhalt

I. Das verwünschte Wort «klassisch» 7

II. Dimensionen eines Begriffes 15

III. Klassische Antike – antike Klassik 23

IV. Klassizismus 43
1. «Classicismus» und «Classizisten» 43
2. Kunstideale 45
3. Klassische Bürgerlichkeit 49
4. Buchkunst 55
5. Klassizismus in der Neuen Welt 60
6. Antike und Gegenwart 63

V. Deutsche literarische Klassik 69
1. Genesis eines Begriffes 69
2. Klassisches Weimar – Weimarer Klassik 81

VI. Klassik-Variationen 95
1. Klassik und Romantik 95
2. Mittelhochdeutsche Klassik 97
3. Romanische Klassik 99
4. Wiener Klassik 103

VII. In der Zeiten Bildersaal 108

Bibliographie 115
Personenregister 123

I. Das verwünschte Wort «klassisch»

Begriffe stellen Ordnung her im Chaos der Dinge und Namen: Im Unterscheiden und Werten eignet sich das begriffliche Denken die Welt an. Nur bleibt das ein unendlicher Prozeß, bei dem jeder Schritt zu einem nächsten, weiteren herausfordert, so daß alles Ordnen wieder zu neuer Unordnung führt. Was zum Beispiel kann nicht alles das Adjektiv «klassisch» bedeuten! Ganz und gar scheint es dem Bereich sichtender Kennerschaft und überlegten, überlegenen, zuweilen begeisterten Urteilens anzugehören. Ein «klassisches» Werk – das ist ein wertbeständiges, vorbildliches, musterhaftes Werk im Gegensatz zu allem Ephemeren, Unzulänglichen, Mittelmäßigen. «In seiner Art vortrefflich, so daß es andern zum Muster und zur Richtschnur dienen kann», definiert Johann Christoph Adelung das Wort «classisch». Das mochte um 1801 gelten, dem Jahr, da die zweite Auflage von Adelungs einflußreichem *Wörterbuch der Hochdeutschen Mundart* abgeschlossen war. Aber impliziert in einer aufgeklärten, sich gegen Autoritäten auflehnenden Welt nicht längst alles Musterhafte, verbunden mit dem Bewährten, Ehrwürdigen und von alters her Tradierten, zugleich das Altmodische, Starre, Veraltete, Unzeitgemäße? Zum Widerstand gegen die «Einschüchterung durch die Klassizität» (1954) forderte Bertolt Brecht auf, was nicht verhindert hat, daß er selbst zum Klassiker wurde, gegen den sich dann ebenfalls Widerstand regte. Klassisch sei dasjenige, so heißt es bei Hans-Georg Gadamer zu vermittelnder Orientierung, «was sich bewahrt», etwas, «das der jeweiligen Gegenwart etwas so sagt, als sei es eigens ihr gesagt. Was ‹klassisch› heißt, ist nicht erst der Überwindung des historischen Abstandes bedürftig – denn es vollzieht selber in beständiger Vermittlung diese Überwindung. Was klassisch ist, ist daher gewiß ‹zeitlos›, aber diese Zeitlosigkeit ist eine Weise geschichtlichen Seins.» (S. 274) So weit, so gut – nur daß die hier zugrundeliegende Vorstellung von Zeitlosigkeit als Idee einer fortdauernden Aktualität jenseits aller ephemeren Mode wiederum einer konkreten historischen Konstellation und dem Bedürfnis, den Zufälligkeiten der Geschichte zu entfliehen, verpflichtet ist.

«Am häufigsten» nun, meinte Adelung, benutze man den Begriff «classisch» in bezug auf die «Producten des Geistes». Auch das ist eine unsichere Definition geworden, ganz abgesehen davon, daß gegen das Wort «Geist» seiner Vieldeutigkeit wegen starke Vorbehalte entstanden sind. Mögen Adelungs «Producte des Geistes» immerhin für klassische Literatur, klassische Rhetorik oder klassische Musik gelten, so dürften doch klassische Radrennen, klassischer Eiskunstlauf, klassische Jeans, klassisches Parfüm, eine klassische Sauna oder eine klassische Pagenkopffrisur – all diese Vorstellungen finden sich in unserer Alltagswelt – seine Auffassung von Klassizität beträchtlich überschreiten. Und wenn er meint, «Schriftsteller» als Urheber von vorbildlichen, also «classischen» Werken pflege man «auch wohl Classiker» zu nennen, so hat dieses Wort inzwischen gleichfalls eine gewaltige Inflation erfahren. Denn was kann nicht alles ein «Klassiker» sein! Goethe und Schiller mögen von vielen Deutschen noch immer spontan mit diesem Titel belegt werden, aber ebenso sind Marx und Engels oder Darwin und Einstein zu Klassikern erhoben worden und mit ihnen überhaupt zahllose weitere Schriftsteller, Komponisten, bildende Künstler, Regisseure und Wissenschaftler, aber dann ebenso ihre Werke, also Bücher, Formeln, Gemälde, Sinfonien oder Filme. Selbst Nerzmänteln oder den eleganten Smokings mit seidenem Revers ist solche Ehre zuteil geworden. Die Anzeigenindustrie wirbt für einen «Krawattenklassiker», eine Hautcreme wird als «Allzeit-Pflege-Klassiker» empfohlen, und die Presse berichtet von einem «Gelenktriebwagen» als «Klassiker» eines deutschen Straßenbahntyps, um nur ein paar Beispiele zu nennen.

Dabei bleibt der Gebrauch stets mehrdeutig: «Klassiker» sein heißt, auf Personen bezogen, ganz offensichtlich, etwas Musterhaftes, auf lange Zeit Gültiges geschaffen zu haben, allerdings nicht ohne daß dies eben gelegentlich den Beiklang von Zeitferne einschlösse. Ein klassisches Drama ist kein unmittelbar auf die jeweilige Gegenwart seiner Entstehungszeit und ihre aktuelle Problematik bezogenes Stück, kein Zeitstück; und ein Zeitstück, das zu einem «Klassiker» geworden ist, ist eben kein Zeitstück mehr. Auf dem Theater setzen dann die Regisseure ihren ganzen Ehrgeiz daran, diesen Widerspruch durch kühne Einfälle zu überwinden, denn sie haben es ja immer nur mit Gegenwart zu tun, was nicht heißen soll, daß gewisse Inszenierungen ihrerseits nicht auch schon wieder klassischen Rang erreichen können. So verwirrend ist es mit dem «Klassischen» bestellt.

Etwas anderes noch zeigt insbesondere die Gegenüberstellung von klassischem Drama und Zeitstück. Als Vorbedingung für ein klassisches Drama gilt ja, daß eine gewisse Zeit seit seiner Entstehung vergangen sein muß, und zwar so viel Zeit, daß dieses Stück jenseits seiner unmittelbaren Aktualität Anerkennung bei einem breiten Publikum finden konnte. Die Länge dieser Zeit freilich kann sich nach Jahren, Jahrzehnten oder sogar Jahrhunderten bemessen. Interessanter in unserem Zusammenhang ist dabei vor allen Dingen, daß Anerkennung überhaupt ein entscheidender Faktor aller Klassizität ist. Sie entsteht, wissenschaftlich gesprochen, als ein Rezeptionsphänomen. Mit anderen Worten: Nichts ist an und für sich klassisch; die Reaktion anderer macht es erst dazu.

Eine weitere Komplikation gibt es indes, wenn das Zeitalter, in dem einige «Klassiker» am Werke waren, zu einer «Klassik» erhoben wird und nun auch Zeit- und Weggenossen, wie Mitglieder eines Bundes, sozusagen ex officio den Titel eines «Klassikers» erhalten, wobei dann im einzelnen gestritten werden kann, ob und inwieweit dergleichen zu Recht besteht. Die deutsche Literaturgeschichte ist ein bekannter Tummelplatz für solche Auseinandersetzungen. Sind nun Lessing, Klopstock, Wieland, Herder, Jean Paul, Hölderlin, Kleist «Klassiker» wie Goethe und Schiller oder nicht? Oder sind sie vielmehr «Vorklassiker», «Aufklärer», «Romantiker»? «Klassik» jedenfalls ist in Literatur-, Kunst- und Musikgeschichte zu einem nicht scharf umrissenen Epochenbegriff geworden. Das macht den Gebrauch des Begriffs «klassisch» und seiner Derivate nicht leichter, nur läßt sich eben das Wort nicht mehr aus der Welt schaffen. Denn «klassisch» und «Klassiker» gehören, wie einige der Beispiele zeigten, längst der Umgangssprache an, und es gibt kaum einen Bereich produktiver Tätigkeit, in dem man nicht auf sie stieße. Das heißt nur eben auch, daß sie als Instrument für scharfes begriffliches Unterscheiden und Werten bedenklich stumpf geworden sind. Selbst dort, wo ausgesprochen historisch definierte Begriffe innerhalb der Wortfamilie des «Klassischen» existieren, also bei Wörtern wie «Klassik» und «Klassizismus», haben auch diese im Laufe der Geschichte ihres Gebrauchs so viele unterschiedliche Bedeutungen angenommen, daß sie von Zeit zu Zeit ordnender Sichtung und Prüfung unterworfen werden müssen, wenn sie überhaupt noch begrifflichen Nutzen bringen sollen.

Die Schwierigkeiten mit dem Begriff «klassisch» sind nicht neu, denn das Wort hat eine lange Geschichte. «Froh empfind' ich mich nun auf klassischem Boden begeistert,/Vor- und Mitwelt spricht lauter und reizender mir», berichtete Goethe in der fünften seiner *Römischen Elegien* im Versmaß des antiken Distichons enthusiastisch von seinen Begegnungen mit dem Alten Rom auf seiner Italienreise zwischen 1786 und 1788. Die deutsche Literaturgeschichtsschreibung hat ihn dann selbst zum Klassiker erhoben, wogegen er einige Vorbehalte gehabt hat, und später wurde er gar zum Repräsentanten einer nationalen deutschen Klassik ernannt. «Klassischer Boden» – das war damals ihm und seinen zeitgenössischen Lesern, für die er ja nun eben schrieb, eine häufig gebrauchte Metapher für jene alte, vergangene vorchristliche Welt griechischer und römischer Kultur, deren Relikte in Italien und in dem zu dieser Zeit noch türkisch besetzten Griechenland zu finden waren. Eine besondere Bewandtnis habe es mit diesem «klassischen Boden», wie Goethe in seiner *Italienischen Reise* erläutert:

> Wenn man hier nicht phantastisch verfährt, sondern die Gegend real nimmt, wie sie daliegt, so ist sie doch immer der entscheidende Schauplatz, der die größten Taten bedingt, und so habe ich immer bisher den geologischen und landschaftlichen Blick benutzt, um Einbildungskraft und Empfindung zu unterdrücken und mir ein freies, klares Anschauen der Lokalität zu erhalten. (27.10.1786)

Wilhelm Heinse legte seinem Romanhelden Ardinghello (1787) die Sehnsucht nach der Antike in den Mund: «Mein eifrigstes Verlangen aber ist, daß Ihr mich in dem noch Lebendigen dieser Göttersprache, im Neugriechischen, unterrichten möchtet; damit ich bald mit Bequemlichkeit und größerm Nutzen und Vergnügen eine Wallfahrt beginnen könne nach dem echten klassischen Boden» – was dann freilich wegen der realen politischen Verhältnisse nicht geschah. Weder Winckelmann noch andere deutsche Verehrer klassischen Bodens am Ausgang des 18. Jahrhunderts haben Griechenland je betreten. Aber so üblich war das Wort, daß Bettine von Arnim später einmal über die «Anstalten von Lehrstühlen, Musensitze, Zenosgänge und sonstige klassischen Böden» gespottet hat (*Dies Buch gehört dem König*, 1843). Und viel früher schon, in *Des Rektors Florian Fälbel's und seiner Primaner Reise nach dem Fichtelberg* (*Leben des Quintus Fixlein*, 1796), hatte Jean Paul nach dem Verhältnis zwischen alter Welt und zeitgenössischem Deutschland gefragt und dabei festgestellt, daß die «öffentlichen Lehrer des hiesigen Gymnasiums», die «sämtlich fleißig und kränklich in ihren verschiedenen Klassen von acht Uhr bis elf Uhr dozieren», zwar «Republiken erheben, aber offenbar nur die zwei bekannten auf klassischem Grund und Boden, und das nur wegen der lateinischen und griechischen Sprache».

Denn in den deutschen Schulen und Universitäten besaß damals und noch auf lange Zeit danach diese antike Kultur als sprachlich-literarischer Bildungsstoff weiterhin volle Gegenwart, ja war die Grundsubstanz aller Erziehung und Bildung überhaupt. Von daher war sie Goethe vertraut, aber nicht nur als kanonisches Bildungspensum, sondern noch vor seiner Italienreise auch hie und da als begeisternd große, zeitlose Kunst. Seinen Werther läßt er schwärmen: «Ich brauche Wiegengesang, und den habe ich in seiner Fülle gefunden in meinem Homer» (13. Mai), auch wenn dann die Dichtungen des *Ossian* den Homer aus Werthers Herzen verdrängten. Nun aber, auf Goethes Reise in den Süden, trat ihm ein Teil dieser alten Welt in späterer Wirklichkeit vor Augen, nicht nur als Ruinen und Skulpturen, sondern als eine mit lebendiger Gegenwart durchsetzte Vergangenheit. «Klassisch» identifizierte sich damit für ihn zugleich als ein historischer Begriff, und wenn der Reisende in den Armen seiner schlafenden römischen Geliebten ihr «des Hexameters Maß leise mit fingernder Hand auf den Rücken» zählt, wie es in der fünften der *Römischen Elegien* heißt, dann mischt sich in die Lust des Liebens eben geschichtliches Wissen ein, andererseits jedoch auch in die sachliche Kenntnis ästhetischer Gesetze tiefes unmittelbares Gefühl. Denn diese klassische Antike oder dieses antik Klassische bedeutete für Goethe nicht nur, wie die Schulweisheit der Philologen «von acht Uhr bis elf Uhr» lehrte, das bedingungslos Mustergültige und Vorbildhafte, das nachzuahmen war, sondern zugleich, wie er und seine Zeitgenossen vor allem aus den Schriften Johann Joachim Winckelmanns erfuhren, den Inbegriff des Schönen, Harmonischen, Ausgewogenen, Stilvollen überhaupt. Das aber wurde von ihnen verstanden als ein Stück Geschmacksbildung für eine eigene nationale Kultur in deutscher Gegenwart, denn sie gab es bis in dieses 18. Jahrhundert hinein nur bruchstückhaft.

Breit also ist das Spektrum des Wortes «klassisch»; Vergangenes, Gegenwärtiges, Schönes, Sinnreiches und Triviales begegnen einander darin. Von seinen Ursprüngen her, über die noch zu reden sein wird, hatte es das Vorbildliche, Autoritative, Kanonische für alles Lehren und Lernen in Sachen der Kunst und der Wissenschaft bezeichnet, was im übrigen nicht von vornherein mit hoher Qualität identifiziert werden sollte, denn musterhaft kann manchmal auch das Mittelmäßige sein, bei dem gewisse Züge und Formen sogar reiner hervortreten als in den ganz großen Werken. Die Sprache der Wissenschaft und mit ihr auch der Reflexion über Kunst war bis ins frühe 19. Jahrhundert hinein dominant das Latein, weshalb sich «klassisch» nun zugleich zur summarischen Bezeichnung für die vergangene Kultur Griechenlands und Roms im Altertum entwickelte und diese Kultur wiederum zur Kultur schlechthin erhoben wurde, so daß deutsche Gymnasiasten schließlich in der «Topographie der Ilias» (Arno Holz) besser Bescheid wußten als in der eignen Stadt oder gar in der schwankenden Struktur ihres Vaterlandes.

Alle Kanonisierung fordert zum Widerspruch heraus. Vehement protestierte der junge Johann Gottfried Herder 1767 in seinen «Fragmenten» *Über die neuere Deutsche Litteratur* gegen eine zum Bildungsstoff erstarrte Antike und einen alle Originalität unterdrückenden Unterricht:

> O das verwünschte Wort: Classisch! Es hat uns den Cicero zum Classischen Schulredner; Horaz und Virgil zu Classischen Schulpoeten; Cäsar zum Pedanten, und Livius zum Wortkrämer gemacht. Das Wort: Classisch! ists gewesen, das den Ausdruck vom Gedanken, und den Gedanken von der ihn erzeugenden Gelegenheit gesondert, das uns gewöhnt hat, nach Horaz Exercitien zu machen, und ihn in seiner Sprache übertreffen zu wollen. Dies Wort wars, das alle wahre Bildung nach den Alten, als nach lebenden Mustern, verdrängete, und den ledigen Ruhm aufbrachte; ein Kenner der Alten, ein Artist zu seyn, ohne daß man damit höhere Zwecke erreichen dörfte: dies Wort hat manches Genie unter einen Schutt von Worten vergraben, seinen Kopf zu einem Chaos von fremden Ausdrücken gemacht, und auf ihn die Last einer todten Sprache, wie einen Mühlstein gewälzet. (Bd. 1, S. 410)

Und wenn Goethes Werther, wie erwähnt, von Homer zu *Ossian* desertierte, so kam das aus verwandtem Geiste. Aber der Ton der Bewunderung für die wahre Größe dieser fernen Literatur ist dennoch bei Herder und Goethe leicht herauszuhören. Denn jenseits des Protestes bezeichnete das Klassische dann eben doch zugleich eine die Zeiten überdauernde große Kunst, die noch immer in den ihr eigenen Formen etwas bot, dessen man für die Gegenwart zu bedürfen schien. Goethes Begeisterung auf «klassischem Boden» war Ausdruck für solche Wiedergewinnung des einstmals als kanonisch Erworbenen, nunmehr aber in der Freiheit individuellen Erkennens und im eigenen Zeitalter. Dahinter stand dann als großes Resultat aufklärerischen Denkens die Entdeckung von Geschichte. Geschichte aber ist der Widersacher alles Kanonischen, also dessen, was über alle Zeiten hinweg Vorbildlichkeit beansprucht. So produktiv das Verhältnis zwischen beiden sein mag – vereinigen und in eins verschmelzen läßt es sich nicht unter dem Deckmantel eines Begriffes.

Die Literatur- und Kunstwissenschaften sprechen bei den Versuchen zur Bestimmung des Begriffes «klassisch» gern und oft von normativen wie historischen Inhalten. Nur kann dergleichen nicht eine grundsätzliche Aporie aufheben, wird doch die Anerkennung des zeitlos Großen, Vorbildlichen, Musterhaften immer im Widerspruch zu seiner historischen Gebundenheit stehen. Zwar läßt sich aus der Erkenntnis solcher Gegensätzlichkeit manch neuer Aspekt für ein kritisches Verstehen und Interpretieren gewinnen, aber ein Wort kann eben nicht schlechterdings zwei entgegengesetzte Dinge begrifflich sauber bezeichnen. Eine «klassische Epoche» oder «Klassik» ist also eigentlich ein Widerspruch in sich selbst. In einem geschichtlich denkenden Zeitalter, das zugleich einer sich unablässig steigernden politischen wie kommerziellen Werbung frönt, hat das Wort «klassisch» derart weite Verbreitung gefunden, daß wohl ein neuer Herder durchaus Anlaß hätte, über das «verwünschte Wort» einen neuen Fluch auszustoßen. Aber wie gesagt: Begriffe, wenn sie denn erst einmal auf der Welt sind, vermögen durchaus eine eigene Magie zu entwickeln und lassen sich nicht wieder per Dekret abschaffen, selbst wenn ihr Nutzen oft fragwürdig ist oder die Grenzen ihrer Brauchbarkeit überschreitet. Je allgemeiner und vieldeutiger sie sind, desto attraktiver werden sie zuweilen.

II. Dimensionen eines Begriffes

Bedeutungsvielfalt ist dem deutschen Adjektiv «klassisch» geradezu angeboren. Seinen Ursprung hat das Wort im Latein des antiken Rom; «classis» nannte man in dessen Frühzeit das aus den vermögenden Bürgern gebildete Milizheer. Das Wort entstammt also der Sphäre des Finanz- und Militärwesens, was noch im Deutsch der Gegenwart zu spüren ist: Die «Steuerklasse» ist jahraus, jahrein von großer Aktualität und einschneidender Wichtigkeit im staatsbürgerlichen Dasein geblieben. Den Weg ins Kulturelle schlug «klassisch» im spätantiken Latein ein; zum erstenmal ist es dokumentiert bei dem Römer Aulus Gellius, der im zweiten nachchristlichen Jahrhundert lebte. Ein Jahr lang hatte er in Athen studiert und von dort seine «attischen Nächte», die *Noctes Atticae*, mitgebracht, eine Sammlung von eigenen sowie fremden Gedanken und Beobachtungen, die sein bekanntestes Werk wurde. Darin nun findet sich im Zusammenhang mit einer grammatischen Erörterung über die Verwendung von Singular oder Plural die folgenreiche Aufforderung des Gellius an seine Leser, zum Beleg einer These nach Beispielen vor allem bei älteren, erfahreneren Schriftstellern zu suchen, das heißt bei jemandem, der «zur ersten Steuerklasse gehört und ansässig» ist – «id est classicus adsiduusque aliquis scriptor, non proletarius». Mit «proletarius», jenem Begriff, dem auf andere Art eine lange Geschichte als Reizwort bevorstand, waren die Angehörigen der untersten Volksklasse gemeint. Der Rat des Gellius läuft also im Grunde darauf hinaus, Auskunft bei den Gebildeteren zu suchen, was sich je nach Weltbild und Sinnesart interpretieren läßt als Commonsense oder Klassenkampf auf spätlateinisch. Das Besondere an dem Prädikat «classicus» war eben die Übertragung eines Begriffes aus dem Bereich staatsbürgerlicher Lebenspraxis auf Kulturelles, auf literarische Qualität, also seine Verwendung zur Bezeichnung von Autorität, Verläßlichkeit, Gültigkeit, ja des Ranges eines Schriftstellers überhaupt. Dafür ist diese Stelle bis jetzt in der Geschichte des Wortes das erste faßbare Dokument geblieben, eine klassische Stelle sozusagen, obwohl sich allgemeinerer metaphorischer Gebrauch des Wortes schon früher nachweisen läßt.

Gellius hatte durchaus nicht die schlechterdings Besten seiner Zeit gemeint, sondern eher diejenigen, die die vorgegebenen Regeln am besten befolgten, was nicht ein und dasselbe ist. Denn Johann Heinrich Voß zum Beispiel schrieb sicher die schulgerechteren Hexameter als Goethe. Der «classicus scriptor» jedenfalls sollte nicht eine ästhetische Wertkategorie bezeichnen, sondern nur den Maße und Normen setzenden beziehungsweise den sie musterhaft anwendenden Autor. Bloß folgte daraus dann doch letztlich der Schluß, daß das, was musterhaft war, am Ende eben auch gut sein müsse. «Klassisch» wurde zum Begriff für das Große, Bedeutende, die Zeiten Überdauernde. Festzuhalten ist dabei allerdings, daß das Wort tatsächlich von seinen Anfängen an einschätzend, wertend, eben rezeptiv verwendet wurde, nicht produktiv. Es stellte – und stellt – ein Kunsturteil dar, verkündete aber kein Kunstprogramm, keine Idee einer zukünftigen Kunst, wie das sehr viel später der Begriff des «Romantischen» tat, den sich um 1800 einige junge deutsche Schriftsteller auf ihre Banner schrieben und der insbesondere in der deutschen Literatur- und Kunstgeschichte in eine enge, alle prinzipiellen generischen Unterschiede verdeckende Liaison geraten ist: «Klassisches» und «Romantisches» traten einander in scheinbar antonymer Partnerschaft gegenüber.

Des Gellius' Empfehlung, das heißt eine kleine, beiläufige Bemerkung eines selbst keinesfalls «klassischen» Schriftstellers, bildet also die Geburtsurkunde des Wortes, und das vielleicht sogar nur deshalb, weil uns frühere und wichtigere Zeugnisse nicht überliefert worden sind. Von der Geschichte des Wortes «klassisch» seit solchen Anfängen und von der Entstehung einer Wortfamilie zu sprechen führt freilich sogleich wieder ins Ungenaue. 1748 taucht «klassisch» zum erstenmal im Deutschen auf. Aber nicht schrittweise und kontinuierlich vom zweiten bis ins achtzehnte Jahrhundert verläuft da ein Prozeß des steten Umformens und Wachsens, sondern zwischen Aulus Gellius und dem frühen deutschen Gebrauch des Wortes vor allem bei Herder, Gellert, Wieland und Lessing existiert keine rechte Stufenleiter sich wandelnder Bedeutungen. Erneut fällt der beträchtliche Unterschied zur Genesis des Wortes «romantisch» ins Auge. Dessen Bedeutung wandelte sich in der Tat allmählich und nahm in stetigem Anwachsen und Ausbreiten neuen Sinn im Kontext europäischer Geistesgeschichte seit dem späten Mittelalter auf, vom altfranzösischen Ursprung in den «Romanzen» über das englische «romantick» als ästhetischen Begriff bis zur «romantischen Universalpoesie» Friedrich Schlegels und dem «Roman» als der die modernen Leseinteressen und Bestsellerlisten beherrschenden Kunstform. «Romantisch» war ein Begriff, der sich mit der Geschichte von Literatur und Kunst seit dem Mittelalter umgestaltete. Die krasse Kontrastierung von «Klassik» und «Romantik» in der deutschen Literaturgeschichte hat da, wie gesagt, zu manchen Mißverständnissen geführt, denn von einem solchen Prozeß historischen Bedeutungswandels kann bei «klassisch» nicht die Rede sein.

Dieser Unterschied hat nun gerade mit der unmittelbaren Herkunft des älteren Wortes aus dem Latein zu tun. Denn «klassisch», wertbeständig, vorbildlich und musterhaft waren ja bis ins 19. Jahrhundert hinein vorwiegend die Werke der «Alten», also die Werke der altgriechischen und lateinischen Literatur und Kunst gewesen, so daß der Begriff mit ihnen und der Antike überhaupt identifiziert blieb: Sie war das «klassische Altertum». «Klassisch» wurde mithin zum Begriff für jene große, wenngleich vergangene Kultur, auf der abendländisches Denken und Glauben fußten. In solch historistischem Sinn hat «klassisch» bis in die Gegenwart des einundzwanzigsten Jahrhunderts seine Bedeutung behalten.

Erschüttert wurde die Normativität und Vorbildhaftigkeit der antiken Kultur erst verhältnismäßig spät in der Geschichte des modernen Europa. Gegen Ende des 18. Jahrhunderts hatte es beispielsweise die moderne Form des Romans schwer, gegenüber dem als «klassisch» etablierten Epos überhaupt ernst genommen zu werden. Neben Verehrung, Imitation und Adaptation der antiken Kultur traten jedoch zunehmend Protest und Abwehr, wo Neues im Namen des Alten erstickt und unterdrückt werden sollte. Einen demonstrativen «Streit der Alten und der Neuen» gab es am Ausgang des 17. Jahrhunderts in Frankreich, die «Querelle des anciens et des modernes», worüber noch zu sprechen sein wird. 1687/88 hielt Christian Thomasius in Leipzig zum erstenmal Vorlesungen auf deutsch an einer Universität – auch das ein Akt der Auflehnung gegen die Dominanz des Vergangenen, war doch das Latein für Jahrhunderte die Lingua franca der Gelehrten. Und als es von Johann Christoph Gottscheds *Sprachkunst* hieß, daß sie sich «klassisch machen» werde, sollte damit nicht mehr nur dessen Nähe zu antiken Vorbildern, sondern vielmehr sein eigener, moderner, auf deutsche Gegenwart bezogener Rang herausgestellt werden. Deutsches, Gegenwärtiges, Modernes überhaupt konnte und sollte gleichfalls klassisch sein können.

Seinen Grund hatten die Zweifel an der absoluten Autorität des Klassisch-Antiken vornehmlich in dem zunehmenden Selbstbewußtsein der europäischen Staaten als christlichen Nationen. Das aber geschah seit dem ausgehenden 18. Jahrhundert nun wirklich im Namen des «Romantischen» als eines auf neue, moderne Literatur und Kunst drängenden Begriffes. Nach den Ursprüngen dieses Neuen suchte man im christlichen Mittelalter, fand dafür auf dem Weg in die Gegenwart schon manche bedeutenden Zeugnisse wie die Werke Shakespeares oder der italienischen Renaissance, aber seine Erfüllung schien noch auszustehen. So, wie die Rezeption der Antike sich über ganz Europa hinweg ereignete, sind jedenfalls «klassisch» und «romantisch» als auf diesen Aneignungsprozeß bezogene kulturgeschichtliche Begriffe prinzipiell international geworden. Jede der einzelnen europäischen Nationalsprachen hat aber mit dem Übergang aus dem Latein die Begriffe auf jeweils eigene Art und in ihre eigene Geschichte und Mentalität integriert, wobei sich hinsichtlich des Wortes «klassisch» das Deutsche seit dem Ausgang des 18. Jahrhunderts als besonders variationenreich erwiesen hat. Denn – so paradox es klingen mag – mit diesem Aufstand gegen die Dominanz der Antike im großen Bereich von Erziehung, Bildung und der Kultur überhaupt begann im Deutschen zugleich die Ausweitung des Bedeutungsbereiches von «klassisch», ja recht eigentlich dessen Familiengeschichte. Wenn nämlich auch Modernem Musterhaftigkeit, also «Klassizität», zugeschrieben werden konnte, dann trat jede historische Bedeutung des Klassischen in den Hintergrund, und der Start zum «klassischen» Radrennen war freigegeben, auch wenn sich Friedrich Schlegel, der das Wort «Classizität» so gern gebrauchte, noch nichts darunter hätte vorstellen können.

«Keine Begriffe werden willkürlicher verbraucht als die von Einfachheit und von Klassizität», schreibt Jean Paul sehr zu Recht in seiner *Vorschule der Ästhetik* (III. Abt., 4. Kap.). Viel von dem Verständnis des Begriffes in seiner Zeit verrät dann seine weitere Argumentation. Ist «Klassizität», wie es in den Anfängen des Wortgebrauchs bei Gellius durchaus nahelag, «nur eine negative, ja bloße grammatische Musterhaftigkeit», dann, so meinte Jean Paul, wäre Adelungs *Geschichte der Menschheit* klassischer als die Herdersche, und Goethe hätte vor [Garlieb] Merkels Köpfchen den Hut abzunehmen». Und sein Schluß daraus: «Kurz das Klassische kann nicht in der Minderzahl der Flecken, sondern in der Mehrzahl der Strahlen bestehen»; es besteht in der Fülle des Lichts, der geistigen Helle, die von einem Werk ausgeht. Eine derart inhaltliche Wertbestimmung des Begriffes, so sehr sie inzwischen als selbstverständlich angenommen wird, war also nicht von vornherein gegeben. Die formelle Musterhaftigkeit des Klassischen gehörte für Jean Paul in das «Zeitalter der Barbarei durch den Gegensatz von kenntnisloser Roheit», wo es eine «viel stärkere Bedeutung angenommen» habe, «als wir jetzo im Zeitalter der Bildung, das nur Hohes mit Höherem vergleicht, fortgebrauchen können». Das aber leitet ihn zu dem bedeutenden Schritt in seine Gegenwart: «Vielleicht wären – so kühn der Gedanke ist – ein Klopstock, ein Herder, ein Schiller rück- oder nachwärts selber den Griechen klassisch.» Denn «die Alten kannten wohl begeisterte Dichter, aber keine Muster-Dichter». Das mag nicht ganz stimmen, aber dahinter steckt der persönliche und sehr berechtigte Wunsch,

Klassizität auch für sich selbst in Anspruch nehmen zu dürfen – historisch wichtig ist seine Argumentation, weil sie ein Stück des Weges zu einer deutschen Klassik zeigt, der sonst so genau nicht mehr erkennbar ist. Nur ist hier nicht von einer neuen Epoche deutscher Literatur die Rede, sondern von literarischer Qualität. Der Wertbegriff des Klassischen, wie ihn Jean Paul verwendet, unterscheidet sich ebenso vom historischen Begriff eines klassischen Zeitalters wie vom typologischen einer mustergültigen, gewissen Regeln und Inhalten entsprechenden klassischen Kunst. Die Verwechslung «mit rhetorischer Regelmäßigkeit» nämlich, so Jean Paul schließlich, ließe

> im literarischen Weltgebäude nur die Monde stehen und tilgt die Sonnen. Shakespeare wäre dann nicht klassisch, aber Addison; Platon nicht, aber Xenophon; Herder stände unter Engel, Goethe unter Manso. Sobald etwas anders klassisch ist als Genialität: so wird – da das Gewöhnliche stets leichter regelrecht auszudrücken ist, schon darum, weil es schon mehrmals ausgedrückt wurde – die Schwäche zur Trägerin der Stärke gemacht, der Ring um den Saturn zu dessen fesselndem Zauberkreise und der Mondhof zum Leitstern der Sonne. (*Vorschule der Ästhetik*, III. Abt., 4. Kap.)

Ordnung in den Gebrauch des Wortes «klassisch» und der daraus hervorgegangenen Wortfamilie zu bringen, bleibt, so scheint es fast, ein aussichtsloses Unterfangen, da der lebendige Gebrauch der Sprache immer wieder die trennende Umzäunung einzelner Bedeutungsbereiche überwuchert. Als Begriff tauglich ist im Grunde das Wort nur dort, wo es sich auf ein historisch bestimmbares «klassisches Zeitalter», also eine «Klassik», bezieht, ganz gleich, wie groß Ferne oder Nähe zur jeweiligen Gegenwart sind. Sonst löst es sich in die Vieldeutigkeit umgangssprachlichen Gebrauchs auf. «Klassik» jedoch ist ein modernes Geschöpf der Kunst-, Musik- und Literaturwissenschaften, eine Epochenbezeichnung, die sekundär aus dem Adjektiv abgeleitet ist. Sie ist das jüngste, erst im Laufe des 19. Jahrhunderts hervorgetretene Mitglied der Familie des Klassischen und eine spezifisch deutsche Wortschöpfung, denn das englische «classic» zum Beispiel wäre je nach Kontext entweder mit «klassisch» oder «Klassiker» zu übersetzen; und «classics» oder «classical studies» sind in dieser Sprache die Altertumswissenschaften, also die wissenschaftliche Beschäftigung mit der antiken Kultur. Es sind gute Differenzierungshilfen, die die englische Sprache für den deutschen Gebrauch zur Verfügung stellt, denn generell wird dort «classic» als Adjektiv normativ, also wertend gebraucht – «a classic case» ist «ein typischer, charakteristischer, signifikanter Fall» von irgend etwas – während «classical» sich auf historische Dimensionen bezieht; es ist eine feine Unterscheidung, die dem Deutschen abgeht. So wird denn auch entsprechend die deutsche literarische Klassik, ins Englische übertragen, zum «classical age of German literature» oder zum «German classicism», aber «Klassizismus» bedeutet im Deutschen dann zumeist schon wieder etwas anderes als «Klassik», und die «Klassizität» ist seit ihrem Ursprung bei Friedrich Schlegel ganz und gar eine deutsche Besonderheit. Was es demnach an Ähnlichem in anderen Sprachen gibt, bedeutet nicht das gleiche, und was das gleiche wie das deutsche Wort «Klassik» bedeutet oder bedeuten soll, lautet dort anders.

Schwieriger wird der Fall sogar noch dadurch, daß der Gebrauch des Wortes «Klassik» im Deutschen durchaus nicht eindeutig und klar umrissen ist. Im populären Sprachgebrauch zielt das Wort am ehesten auf Musik, denn «Klassik-Fans» sind gemeinhin nicht Verehrer Goethes und Schillers, sondern eher solche Mozarts oder Beethovens. Allerdings ergeben sich auch hier sogleich wieder neue Verwicklungen, denn im Katalog von «Klassik-CDs» dürften sich auch Namen wie Mahler, Strauss oder Schönberg finden, also Komponisten des 20. Jahrhunderts, die eine historisch orientierte Musikwissenschaft gewiß nicht unter «Klassik» rubrizieren würde. Aber hier kollidiert dann eben wieder allgemeiner, typologischer Gebrauch mit dem historisch orientierten wissenschaftlichen, ganz wie literarische Verlage unter dem Begriff «Klassiker» zwar gern eine Goethe-Ausgabe in ihrem Programm führen, aber darüber hinaus alles nur Denkbare zwischen Walther von der Vogelweide und Günter Grass anbieten. Eine große, ins Unbestimmte verlaufende Breite besitzt der Begriff «Klassik» selbst dort noch, wo er innerhalb der Musik-, Kunst- und Literaturwissenschaften ganz ausgesprochen als Epochenbezeichnung auftritt, aber jeweils fachspezifische Bedeutungen angenommen hat, so daß hier Einigkeit gar nicht zu erzielen ist. Insbesondere die Literaturgeschichte verwendet ihn oft großzügig und ungenau. Darüber wird im Zusammenhang mit der «Weimarer Klassik» noch ausführlich zu sprechen sein.

Eine weitere Komplikation in der Familiengeschichte des Wortes «klassisch» entstand daraus, daß aus ihm, diesem dem ganzen Wesen nach rezeptiven Begriff, dennoch ein produktiver Seitenzweig entstand, der Klassizismus. Hier nun hilft der Vergleich mit anderen europäischen Sprachen wenig, denn was im Englischen «classicism» und im Französischen «classicisme» heißt, entspricht eher dem, was im Deutschen «Klassik» genannt wird. Doch auch dort hat der Gebrauch von «Klassizismus» lange geschwankt. Noch in den ersten Jahrzehnten des 20. Jahrhunderts war das Wort zuweilen ein Synonym für das erst allmählich in Mode kommende Wort «Klassik» als historischer Begriff für deutsche Literatur und Musik um 1800. Inzwischen scheint «Klassizismus» im Deutschen eine relativ genau bestimmbare Bedeutung angenommen zu haben als Begriff einmal für schlichte Nachahmung antik-klassischer Muster und Regeln, aber dann auch für deren kreative Fortgestaltung. Problematisch wird es aber wiederum, wenn dem Klassizismus Werte beigemessen werden und ein qualitativer Gegensatz zu einer «Klassik» konstruiert wird als Gegensatz zwischen Imitation und Urbild, sekundärer Nachahmung und originärer Schöpfung. Grenzlinien werden hier in einem eigenen Kapitel vorsichtig zu ziehen sein. Zuvor jedoch bedarf es eines Blickes auf das Klassische an seinem Ursprungsort, wo die «scriptores classici» zu Hause waren, auf die antike Kultur.

III. Klassische Antike – antike Klassik

Am Anfang alles Klassischen steht die Alte Welt Griechenlands und Roms, die Antike. Von dorther, von diesen «scriptores classici» des Aulus Gellius, der sie ihres Stils wegen als vorbildlich empfahl, leitete sich das Wort her. Unmittelbar bezogen war es zwar auf lateinische Autoren; doch galten wiederum die griechischen Schriftsteller des 5. Jahrhunderts v. Chr. den Römern des Augusteischen Zeitalters fünfhundert Jahre später als mustergebend. Das ist eine größere Distanz als diejenige, die uns heute von den Dramen Shakespeares oder den reformatorischen Schriften Martin Luthers trennt. Deren Werke können zwar immer noch von einigermaßen geübten Lesern im Original verstanden werden, aber niemand käme wohl auf die Idee, sich noch auf sie als sprachliche Autorität zu beziehen, wenn es um eine verbindliche Klärung aktueller grammatischer Probleme geht. Für die römischen Schriftsteller hingegen wurden die Griechen, auf deren sprachliches Vorbild sie sich beriefen, gerade auch durch ihr Alter autorisiert.

Damit demonstriert die erste nachweisbare Berufung auf «klassische» Autoren zwei Konstanten, die die Verwendung des Begriffs bis in die Gegenwart charakterisieren: Zum einen setzt die Berufung auf «Klassisches» als verbindliche Norm ein Werturteil voraus und mit ihm die Aufforderung wie die Bereitschaft zur Nachahmung. Zum anderen aber wird deutlich, daß die Einrichtung eines solchen Maßstabs stets auf einer Form der künstlerischen Reflexion, auf einem Minimum an Kunst- und Literaturtheorie aufbauen muß. Erst wenn Kategorien und Begriffe bereitstehen, mit denen sich die Ausnahmestellung beziehungsweise die Vorbildlichkeit eines älteren Werks beschreiben läßt, kann es selbst zum Gegenstand reflektierender Betrachtung werden. Klassisches, in welcher Form auch immer es auftritt, verträgt sich schwer mit der Vorstellung von spontaner, gar «naiver», unreflektierter Kunstproduktion. Auf die Bedeutung der theoretischen Reflexion wird zurückzukommen sein, wenn der Weg der griechischen Tragödiendichter zu vorbildgebenden Autoren, zu «Klassikern», beschrieben wird.

Für Aulus Gellius und seine Zeitgenossen lag die Berufung auf die alten Schriftsteller nahe, waren in der römischen Kultur doch vielfältige Spuren der älteren griechischen Tradition lebendig geblieben. Auf süditalienischem und sizilianischem Boden waren in vorchristlicher Zeit, wenn auch aus unterschiedlichen Stilrichtungen, zahlreiche griechische Skulpturen und Monumente entstanden, an denen sich das ästhetische Urteil der Jüngeren ausrichtete und die von römischen Künstlern nachgeahmt wurden. Seit hellenistischer Zeit, also seit dem zweiten und dritten vorchristlichen Jahrhundert, existierten Verzeichnisse, die eine kleine Zahl von griechischen Autoren als musterhaft zusammenstellten. Es waren vor allem diese Epiker, Lyriker, Tragödien- und Komödiendichter sowie Historiker, die dann auch auf römischem Boden gelesen, studiert und imitiert wurden. Zum ersten Mal in der europäischen Geschichte werden hier in großem Umfang die Mechanismen eines kulturellen Transfers greifbar, der zentrale ästhetische Elemente einer Kultur in einen anderen sprachlich-geographischen Raum überführt. Ähnliche Prozesse wurden später, am Ausgang des Mittelalters, in der europäischen Renaissance wirksam, als nun die römische und griechische Antike gemeinsam in den nördlichen Ländern immer stärkere produktive Anverwandlungen erfuhren.

Worin aber bestand die enorme Anziehungskraft eines relativ kleinen Abschnittes der griechischen Geschichte für die Nachwelt? Warum konnte ausgerechnet die künstlerische Produktion einer bestimmten Region über Jahrhunderte hinweg als «klassisch» erklärt werden?

Die Frage nach den «klassischen» Werken der griechischen Kultur führt in das Athen der zweiten Hälfte des fünften vorchristlichen Jahrhunderts, in das sogenannte Perikleische Zeitalter. Der innere Wohlstand Athens in dieser Zeit, der überhaupt erst die Voraussetzungen für eine intensive Kunstproduktion schuf, entstand vor dem Hintergrund großer militärischer und politischer Auseinandersetzungen. Am Anfang des 5. Jahrhunderts wurden, zunächst noch ohne offiziellen Friedensschluß, die Perserkriege beendet, die die griechischen Städte über lange Zeit bedroht hatten. In der Folge entstand 477 v. Chr. der Delisch-Attische Seebund, in dem sich unter der immer stärker werdenden militärischen und wirtschaftlichen Führung Athens mehr als zweihundert Mitglieder zusammenschlossen, um die neugewonnene Selbständigkeit der griechischen Siedlungen in Kleinasien zu schützen. Als dann 449 der Friedensschluß mit den Persern offiziell besiegelt wurde, konzentrierte sich die Politik Athens unter Führung des Perikles vor allem auf die Auseinandersetzungen mit dem konkurrierenden Sparta. Der zunächst vertraglich vereinbarte Frieden zwischen beiden Mächten wurde durch den Peloponnesischen Krieg aufgehoben (431–404), an dessen Ende dann auch der ehemals so machtvolle attische Seebund aufgelöst wurde und Athen für mehr als dreißig Jahre unter spartanische Besatzung geriet.

Es sind diese wenigen Jahrzehnte des attischen Wohlstandes und der außen- wie innenpolitischen Stärke zwischen 450 und 400 v. Chr., die in moderner deutschsprachiger Historiographie der Antike gern als «Hochklassik» bezeichnet werden, jenen Begriff «Klassik» aufgreifend, der im Laufe des 19. Jahrhunderts in der Wissenschaft von deutscher Literatur entstand und über dessen Genesis wie Gebrauch im Zusammenhang mit der deutschen literarischen Klassik zu sprechen sein wird. In weiterer Differenzierung wird dabei, gewissen Mustern deutscher Literaturgeschichte entsprechend, noch eine «Frühklassik» etabliert, die die Jahre 480 bis 450 umspannen soll, und andererseits eine «Spätklassik», womit die Zeitspanne zwischen 400, dem Niedergang der attischen Polis, und dem Aufstieg Makedoniens unter Philipp II. um 330 bezeichnet werden kann. Die Problematik solcher exakten Periodisierungsversuche ist hier wie anderswo offenkundig: Kulturelle Phänomene wandeln sich nicht nach den Regeln des Kalenders. Hinter solcher Dreiteilung ist überdies ein triadisches Entwicklungsmodell erkennbar, das suggestiv zwischen einer Zeit der Vorbereitung, der Blüte und des Niedergangs unterscheidet. Wie immer skeptisch man ihm gegenüber sein mag – die schöpferische Produktivität Athens in der zweiten Hälfte des 5. Jahrhunderts bleibt dennoch bis heute erstaunlich. In diesen Jahren entstanden die Tragödien von Aischylos, Sophokles und Euripides sowie die Komödien des Aristophanes, die bis heute auf den Bühnen in aller Welt gespielt werden. Die Geschichtsschreiber Herodot und Thukydides entwarfen in ihrer Darstellung der Perserkriege und des Peloponnesischen Kriegs scharfsinnige Deutungen menschlichen Machtstrebens. Die Akropolis erhielt eine neue Gestalt durch den Wiederaufbau des Parthenons und die Errichtung der Propyläen. Bildhauer wie Pheidias, Myron und Polyklet schufen in ihren Statuen ein Bild des menschlichen Körpers, das noch weit über zweitausend Jahre hinaus als vorbildlich gepriesen wurde. Von weitreichenden Folgen für die europäische Geistesgeschichte war schließlich die Ausbildung der griechischen Philosophie, deren Anfänge bis zu den Naturphilosophen des 6. Jahrhunderts zurückreichen. Im 5. Jahrhundert stellten die Sophisten den Menschen in das Zentrum ihrer Überlegungen, beschrieben die Relativität ethischer Normen und begannen, die Bedingungen des Denkens selbst reflexiv zu betrachten. In den folgenden Generationen des nächsten Jahrhunderts entwickelten schließlich Sokrates, sein Schüler Platon und wiederum dessen Schüler Aristoteles die Grundlagen der abendländischen Philosophie; die Auseinandersetzung mit Platons Idealismus läßt sich bis in die Gegenwart verfolgen, und das differenzierte System der Aristotelischen Logik schuf die Voraussetzungen für den wissenschaftlichen philosophischen Diskurs. So entstanden in dem aus weltgeschichtlicher Perspektive betrachtet kurzen Zeitraum von ein paar Jahrzehnten jene kulturellen Leistungen, die das Fundament der gesamten europäischen Kultur bilden. Zugleich aber wird die zeitliche Kondensation auf eine beschränkte Periode großer Leistungen in einem geographisch begrenzten Raum als ein Merkmal aller Klassik überhaupt greifbar.

Ermöglicht wurden all diese künstlerischen und intellektuellen Leistungen durch das politisch-soziale Gefüge der attischen

Polis. Der wachsende Wohlstand nach den Perserkriegen stellte hervorragende Arbeitsbedingungen für Handwerker und Künstler bereit; in großen Werkstätten konnten auch komplizierte Gemeinschaftsaufgaben, wie etwa beim Ausbau der Akropolis, verwirklicht werden. Das wichtigste innenpolitische Ereignis im fünften Jahrhundert ist aber die Umwandlung der alten Regierungsform, der Oligarchie des Areopags, in eine radikale Demokratie. Unter Ephialtes und insbesondere Perikles wurde in Athen eine unmittelbare Volksherrschaft etabliert, in der der Demos, also die Gesamtheit der Vollbürger, die Kontrolle über das öffentliche Leben erhielt. Die Fortschrittlichkeit dieser Staatsform ist oft mit allem Recht herausgestellt worden. Trotzdem darf nicht übersehen werden, daß die in Athen praktizierte Volksherrschaft auf scharfen sozialen Grenzziehungen beruhte und keinesfalls die Gleichheit *aller* Menschen postulierte. Ausgenommen von der politischen Mitwirkung waren nicht allein alle Frauen, sondern auch die Metöken, also die in Athen lebenden Fremden, sowie die Sklaven, deren Anteil an der Bevölkerung zeitweilig fast dreißig Prozent ausmachte. Spätere Beschreibungen der attischen Polis als einer ideal-utopischen Gemeinschaftsform haben diese Kehrseite der Volksherrschaft häufig übersehen. Freilich interessierte sich die Nachwelt auch mehr für die konkreten Hervorbringungen der griechischen Kultur, denen zunehmend der Rang einer überzeitlichen Vorbildlichkeit zugesprochen wurde, vor allem was die Erzeugnisse der bildenden Kunst und der Literatur anging. Es war ein Vorgang der Verklärung des scheinbar Idealen, der sich bei zu klassischen Zeitaltern erhobenen Epochen dann häufig wiederholte.

Am sichtbarsten und greifbarsten ist künstlerische Klassizität stets in der Nachgestaltung antiker Bauwerke oder Bauelemente geblieben. Die Vorstellungen einer klassischen griechischen Architektur hatten sich vor allem angesichts der sakralen Steinarchitektur des 5. Jahrhunderts entwickelt; ihre beeindruckendsten Zeugnisse finden sich auf der Akropolis in Athen. Dort wurde in den Jahren zwischen 446 und 432 in erstaunlich kurzer Zeit der in den Perserkriegen zerstörte Parthenontempel in erweiterter Form komplett neu aufgebaut, und zugleich entstanden die Propyläen als Eingangsbau. Die Proportionen dieses Portals, das aus sechs dorischen Säulen gebildet ist, finden sich heute zum Beispiel im Brandenburger Tor zu Berlin wieder, das ganz ausdrücklich nach dem Vorbild der Propyläen gestaltet wurde.

Die großen Bauten der Akropolis führen musterhaft die Stilprinzipien der griechischen Architektur vor Augen, die dann von den verschiedenen Klassizismen der Neuzeit vielfältig nachgeahmt wurden. Auffällig ist zunächst die strenge Dominanz der vertikalen und horizontalen Linien, realisiert durch die Bauelemente Säule und Balken. Die einzigen diagonalen Linien entstehen durch die dreieckigen Giebelfelder, die die Fassaden abschließen. Nun sind Säulen und Balken mitsamt ihren spezifischen Verzierungen, etwa den verschiedenen Gestaltungen der Kapitelle oder den Kannelierungen der Säulen, keine Erfindung des 5. Jahrhunderts; vielmehr reichen sie weit in die archaische Zeit Griechenlands zurück. Die herausragende Leistung der klassischen Zeit aber bestand darin, daß jetzt erstmals die bekannten Bauformen systematisiert und nach ästhetischen Gesichtspunkten zu großen Kompositionen zusammengefügt wurden. Dem planenden Weitblick einzelner Architekten ist es zu verdanken, daß den Sakralbauten des 5. Jahrhunderts geschlossene Konzepte der Bau- und Raumplanung zugrunde lagen, bei denen jede einzelne Form harmonisch im Blick auf das gesamte Bauwerk wie im Verhältnis zu den anderen Bauelementen entwickelt wurde. Erstaunlich ist bis heute die technische und geometrische Exaktheit der großen Bauten; so weichen die Säulen des Parthenon in ihrer Größe wie in ihrem Umfang nur wenige Millimeter voneinander ab. Maß aber als Resultat des Messens führt zum Begriff des Maßes als einem Sinn für Proportionen, für Ausgewogenheit, woraus dann jene Vorstellungen von Harmonie hervorgingen, die seither zunehmend mit dem Klassischen verbunden worden sind.

Die theoretischen Grundlagen dieser Genauigkeit der Maße stellten nun wieder die Erkenntnisse der Mathematik bereit, die vor allem im 6. Jahrhundert in der Pythagoreischen Philosophie entwickelt worden waren, also nicht nur Resultate praktischer

Erfahrung wiedergaben und für die Praxis bestimmt waren, sondern in das Zentrum der Weltinterpretation führten. Pythagoras hatte in den Zahlen – und nicht etwa in Ideen oder materiellen Elementen – das Grundprinzip der Weltordnung gesehen und die kosmische Harmonie in Zahlenverhältnissen auszudrücken versucht. Der Begriff der Harmonie führt dann wiederum unmittelbar auf die praktischen Erfordernisse der Steinbaukunst zurück, denn zunächst bezeichnete «harmonia» nichts anderes als die Paßgenauigkeit, mit der einzelne Steinplatten und insbesondere die Segmente der großen Säulen aufeinandergefügt wurden. Als ästhetischer Terminus wurde «Harmonie» dann aber überhaupt zu einer zentralen Kategorie, um die ausgewogenen Proportionen der griechischen Bauten und das maßvolle Verhältnis von Teil und Ganzem zu beschreiben.

Verwandte Grundprinzipien der harmonischen Gestaltung liegen auch den Werken der griechischen Bildhauerkunst zugrunde. Deren wichtigster Beitrag zur europäischen Kunstgeschichte ist die plastische Darstellung des menschlichen Körpers in lebens- beziehungsweise überlebensgroßen Skulpturen. Die relativ große Verbreitung griechischer Plastiken bereits in der Antike ist durchaus eine Folge der spezifischen Produktions- und Rezeptionsbedingungen dieser Kunstform. Denn anders als Bauwerke können Skulpturen relativ leicht transportiert werden, und zudem wurden schon früh Techniken zu ihrer Reduplikation entwickelt. Viele der griechischen Statuen, deren Originale längst verlorengegangen sind, wurden überhaupt erst durch jüngere römische Kopien bekannt und fanden in der Neuzeit durch die Mittel der technischen Reproduktion ihren Weg in moderne Skulpturensammlungen und «Antikensäle». So wurde die imitierende Nachgestaltung, die ja ein Grundprinzip aller klassizistischen Kunst ist, zu einer spezifischen Rezeptionsform der antiken Skulpturen überhaupt; Original und Kopie traten hier geradezu gleichberechtigt nebeneinander.

Daß gerade die griechischen Statuen des fünften vorchristlichen Jahrhunderts so häufig kopiert wurden, ist indes nicht allein eine Frage des künstlerischen Mediums, sondern beruht vor allem auf den formalen Prinzipien, mit denen hier der menschliche Körper dargestellt wurde und denen man bereits im Altertum Vorbildlichkeit zusprach. Bemerkenswert ist zunächst die hohe anatomische Genauigkeit, mit der der Körper als lebendiger Organismus dargestellt wurde. Die realistische Abbildung von Gliedmaßen, Muskelsträngen und Bewegungen ging aus genauer Einsicht in das Funktionsgefüge des Körpers hervor. Allerdings – und hierin liegt die besondere Anziehungskraft der griechischen Skulpturen begründet – werden diese anatomischen Details niemals mit der Sterilität eines medizinischen Schaubildes dargeboten. Vielmehr wird der nackte Körper stets in spannungsvoller Bewegtheit abgebildet, wodurch scheinbar mühelos ein Ausgleich zwischen Schwerkraft und Dynamik entsteht. Anschaulich werden diese «kontrapostischen» Darstellungsprinzipien vor allem in der ungleichmäßigen Gestaltung von rechter und linker Körperhälfte. Dem ruhigen Standbein kontrastiert das bewegte Spielbein; waagerechte Körperlinien werden durch die Bewegung von Becken und Schultern in eine dynamischere Diagonale verschoben. Es sind vor allem diese Abweichungen von einer statischen Ruheform, die den griechischen Statuen den oft beschriebenen Eindruck der «Lebendigkeit» verleihen.

Die Bewegtheit der Skulpturen ist freilich kein Ausdruck von Spontaneität. Vielmehr beruhen die plastischen Darstellungen des menschlichen Körpers – wie auch die Harmonie der Bauwerke – auf genauen Berechnungen der Maßverhältnisse, die die Proportionen der einzelnen Gliedmaßen und ihr Verhältnis zueinander beschreiben, sich an einem «mittleren Maß» orientieren und alles Individuelle und Zufällige auszuschalten versuchen. Wie in der Architektur werden also auch in der Bildhauerkunst Mathematik und Geometrie zur Grundlage der ästhetischen Präsentation. Anschaulich werden diese Prinzipien etwa in den Skulpturen des Polyklet, des bekanntesten griechischen Bildhauers des 5. Jahrhunderts. Sein oft kopiertes Standbild des «Speerträgers», des *Doryphoros,* stellt den nackten männlichen Körper in idealen Proportionen dar; Ruhe und Bewegung finden einen harmonischen Ausgleich. Von Polyklet stammt auch das älteste erhaltene Regelwerk für Bildhauer.

In seiner nur sehr fragmentarisch überlieferten Schrift mit dem Titel *Kanon* – eine Bezeichnung, die später selbst «kanonisch» werden sollte – beschreibt er die Notwendigkeit, der Planung eines Kunstwerks genaue Maße und Zahlenverhältnisse zugrunde zu legen. Für Polyktet verbinden sich auf diese Weise ästhetische mit ethischen Kategorien, billigt er doch der Beachtung der von ihm beschriebenen Maßverhältnisse ausdrücklich die Qualität des moralisch Guten zu.

In der Verbindung von realistischer anatomischer Darstellung mit solch idealisierenden Maßverhältnissen, die keinen Raum für individuelle Abweichungen lassen, liegt die besondere Faszination der antiken Skulpturen. Die ästhetischen Grundprinzipien, auf denen sie beruhen – Symmetrie, Harmonie sowie Orientierung an der Mitte zwischen Extremen –, wurden von der platonischen Philosophie zu Bedingungen der Idealform erklärt. Der möglichen Verwechslung von Ideal und Realität war damit der Weg bereitet, was unter anderem Winckelmanns enthusiastische Beschreibung der antiken Bildwerke anschaulich zeigt. Die Vorstellung eines idealen Menschen, wie er nach der planenden Berechnung der Bildhauer entstanden war, wurde in Winckelmanns Schriften zum vermeintlich realistischen Abbild einer besseren Vergangenheit erklärt, denn an dem sittlich-ästhetischen Maßstab, den er aus der Betrachtung der antiken Skulpturen gewonnen hatte, glaubte er, die Unzulänglichkeiten seiner eigenen Zeit um so klarer erkennen zu können. Es dürfte kaum übertrieben sein, wenn man Winckelmanns Worte von der «edlen Einfalt und stillen Größe» der griechischen Meisterwerke in seinen *Gedanken über die Nachahmung der Griechischen Werke in der Malerei und Bildhauerkunst* (1755) den einflußreichsten Versuch überhaupt nennt, den Begriff des «Klassischen» in eine Formel zu fassen, was hier mit allen Einschränkungen festgestellt wird, die gegen solche idealisierenden Pauschalisierungen zu machen sind. Die Wirkungen dieses Ideals reichen bis ins 20. Jahrhundert hinein. Das zeigt sich unter anderem im Körperkult nationalsozialistischer Rassenideologie (vgl. Wenk). Aber es spiegelt sich auch in Idealvorstellungen von einer neuen Menschengemeinschaft jenseits europäischer Traditionen. So schrieb 1931 der angesehene australische Bildhauer Rayner Hoff: «I doubt if even the Ancient Greeks produced better examples of physical beauty and grace. We don't allow our bodies to become flaccid [...] The call of the sun, surf, great open roads and wonderful bush is all too strong for any to resist. Hence we are active, virile and well and few nations can show such an average of body perfection» (zit. nach Allen, S. 93 ff.).

Bei den bewunderten Statuen handelte es sich um Erzeugnisse einer offiziellen Hoch- beziehungsweise Staatskultur, denen in der verbreiteten Gebrauchskunst des Alltags ein ganz anderes Menschenbild an die Seite trat. Die griechische Vasenmalerei nämlich übermittelt zahlreiche Gegenbilder zu den Idealisierungen der Bildhauerkunst. Hier finden sich Abbildungen von Ausländern und Sklaven; vielfältige Verrichtungen des Alltags werden geradezu in «Momentaufnahmen» festgehalten; erotische Szenen stehen neben Darstellungen von Trinkgelagen oder athletischen Wettkämpfen. Erst in der Zusammenschau der idealisierten Körper der großen Skulpturen mit den realitätsnäheren Abbildungen der Alltagskunst erschließt sich also die tatsächliche Spannbreite der griechischen Lebenswelt.

Der durchaus nicht idealisierte Mensch in Hinsicht all seiner moralisch-ethischen Möglichkeiten und Gefährdungen steht auch im Zentrum der griechischen Tragödie. Es ist eine literarische Kunstform, die bereits im Altertum in kanonischen Rang erhoben wurde und bis heute produktive Auseinandersetzungen in der Literatur wie auf der Bühne anregt – man denke nur an die Gestaltung antiker Stoffe in der Dramatik der letzten hundert Jahre von Eugene O'Neill bis Heiner Müller, an die spektakulären Inszenierungen antiker Tragödien im modernen Theater, wie sie Peter Stein 1980 am Beispiel der *Orestie* vorgeführt hat, oder an die produktiven Adaptionen mythologischer Stoffe, die im kontroversen Dialog mit den griechischen Dramatikern Gegenentwürfe zu den bekannten Überlieferungen entwickelten. Bekannte Beispiele dafür sind etwa die kompromißlose *Antigone* Jean Anouilhs und Gerhart Hauptmanns dunkle *Atriden-Tretralogie*. Die friedfertige Medea Christa Wolfs schließlich tritt in ihrer Unfähigkeit zum Mord an den eigenen Kindern gleichfalls in scharfen Kontrast zu Euripides. Was immer aber an Variationen und Umdeutungen der antiken Vorbilder entstand und wie stark sich in ihnen die Zeitproblematik ihrer jeweiligen Urheberinnen und Urheber spiegelt – unmißverständlich klar wird, daß die antike Welt nicht nur eine ideale Welt des Lichtes, der Schönheit und Harmonie darstellte, sondern daß zu ihr gleichermaßen das Chthonisch-Dunkle, die mythischen Expeditionen in die Abgründe alles Menschlichen gehörten.

Ohnehin ist es nur eine oberflächliche Kontinuität, die scheinbar bruchlos von den großen antiken Theaterbühnen geradewegs in unsere modernen Stadttheater und Buchhandlungen führt. In seinen Ursprüngen diente das griechische Theater nicht vorrangig der zerstreuenden Unterhaltung, sondern war fest in die kultisch-religiöse Praxis eingebettet. Aufgeführt wurden die Dramen über Jahrhunderte hinweg bei den großen Dionysosfesten in Athen, die ihren festen Platz im Jahresrhythmus hatten; Komödien und Tragödien folgten aufeinander nach genauen Regeln. An den kultischen Ursprung des griechischen Theaters erinnert noch die Herkunft des Wortes «Tragödie», das zunächst nichts anderes als «Bocksgesang» meint und damit den Auftritt der ursprünglich als Satyr verkleideten Chorsänger beschreibt, die tanzend und singend in kultischen Ritualen agieren. Die zentralen Bauelemente der griechischen Tragödien weisen auf diesen rituellen Ursprung zurück. Denn neben den Aktionen der Schauspieler wird die Handlung vor allem durch die Auftritte des Chors strukturiert, wozu neben dem Einzugs- und Auszugslied verschiedene Standlieder und dialogische Partien zwischen Schauspielern und Chor gehören. In den klassizistischen Dramen der Neuzeit war der Chor von der Bühne verschwunden; Friedrich Schillers Versuch, ihm in seinem Schauspiel *Die Braut von Messina* zu neuer Legitimation zu verhelfen, mochte ein interessantes bühnenästhetisches Experiment sein, konnte aber selbst im gräkophilen Weimar keine wirkliche Begeisterung mehr erwecken. Erst aus dem Bewußtsein der Abhängigkeit des Ichs von transsubjektiven Kräften in Natur und Gesellschaft fanden sich für den Chor dann im modernen Theater neue Möglichkeiten.

Aus den kultischen «Bocksgesängen» also entstanden im 5. Jahrhundert v. Chr. – es war die große Zeit von Aischylos, Sophokles und Euripides – jene Trauerspiele einer klassischen Antike, die in ihrem strengen, wohlkomponierten Aufbau und ihrer Sprachgewalt bis heute Spannung und Anteilnahme zu erzeugen vermögen. Mit diesen Begriffen ist zugleich die zentrale Wirkungsabsicht genannt, die Aristoteles in seiner berühmten *Poetik* (ca. 335 v. Chr.) den Trauerspielen des vorangehenden Jahrhunderts zuschreibt. Durch «Jammer und Schrecken» nämlich, heißt es dort, werde bei den Zuschauern eine «Reinigung der Leidenschaften» erreicht. Die zugrundeliegenden griechischen Begriffe (phobos, eleos, katharsis) wurden dann später in der neuzeitlichen Literaturtheorie höchst unterschiedlich ausgelegt. Folgenreich für die deutsche Literaturgeschichte auf dem Weg in ihre eigene «klassische» Zeit war vor allem Lessings moralisch-ethisch abgeleitete Deutung dieser Dramatik. Auf der Grundlage seiner eigenen Vorstellungen von den Aufgaben des Theaters gab Lessing die Forderungen des Aristoteles mit «Furcht und Mitleid» wieder, war also auf das für antikes Denken noch nicht existente Individuum aufgeklärter Zeiten bezogen. Solches Umdenken wiederum bahnte dann den Weg zu jenen Erwartungen an die Bühne, ja die Literatur überhaupt als eine «moralische Anstalt», die in Schillers kunsttheoretischen Schriften entwickelt und in Goethes und Schillers Literaturpolitik und Kunstpädagogik in den Jahren ihrer Jena-Weimarer Kooperation in die Praxis umgesetzt wurden. Erst im 20. Jahrhundert führte unbefangeneres, genaueres Quellenstudium zu der Einsicht, daß eine solche moralisierende Funktionsbestimmung den griechischen Tragödien fremd war, vielmehr hatte Aristoteles die von den Tragödiendichtern beabsichtigte «Reinigung» wohl tatsächlich als einen vornehmlich physischen Prozeß verstanden. Kaum eine andere literaturtheoretische Schrift dürfte aber je eine solche Reichweite wie die *Poetik* des Aristoteles erreicht haben; sie war ja selbst dort noch unmittelbar präsent, wo man sich gegen sie wandte – Bertolt Brecht entwickelte in der Mitte des 20. Jahrhunderts sein Konzept des «epischen Theaters» in bewußter Abkehr von einem mimetischen Theatermodell, das er knapp als «aristotelisch» charakterisierte.

Die Tragödien, an denen Aristoteles rückblickend sein normatives Gattungsverständnis entwickelt hatte, waren, wie gesagt, hauptsächlich im 5. Jahrhundert entstanden. Unter der großen Zahl der tatsächlich bei den Dionysosfesten aufgeführten Dramen haben sich nur wenige in ihrer vollen Textgestalt erhalten. Auch von den gefeierten Dramatikern Aischylos, Sophokles und Euripides kennen wir heute nur jeweils einen kleinen Teil ihrer tatsächlichen Werke. Diesen relativ wenigen Stücken aber wurde bereits in hellenistischer Zeit formale und inhaltliche Vorbildlichkeit zuerkannt. Bei allen Unterschieden in der individuellen Gestaltung ist den bekannten Tragödien zunächst die formale Strenge und Geschlossenheit gemeinsam: Die Fabel beziehungsweise der «mythos», wie der griechische Terminus lautet, wird zielstrebig entfaltet und ohne ablenkende Nebenhandlungen zur finalen Katastrophe geführt. So findet das Stilprinzip der harmonischen Formstrenge, das bereits in der Architektur und Skulptur beobachtet werden konnte, in der Literatur seine Entsprechung, aber eben ohne die idealisierenden Konnotationen, die dann den Vorstellungen von Harmonie und Maß etwa bei Winckelmann gegeben wurden.

Ihre Stoffe entnahmen die antiken Dramatiker vor allem dem Mythos und der aktuellen politischen Geschichte; so legte Aischylos seinen *Persern* die Niederlage der persischen Flotte bei Salamis zugrunde. Wie unterschiedlich die drei bekannten Tragödiendichter auch die Möglichkeiten zur sinnhaften Lebensführung einschätzten, gemeinsam ist ihnen die Frage nach dem rechten Tun in der Spannung von individuellem Verhalten und den Ansprüchen der Gemeinschaft, der Polis. Aischylos bezeugt in seinen Dramen, beispielsweise in der Trilogie der *Orestie*, großes Vertrauen in die Lernfähigkeit der Menschen und sieht die Ordnung der Welt, als deren Garant Zeus erscheint, nie wirklich gefährdet. Sophokles, zu dessen bekanntesten überlieferten Tragödien der *König Ödipus* und die *Antigone* gehören, demonstriert in seiner Ausgestaltung der mythologischen Stoffe vor allem die Notwendigkeit überindividueller Werte und Normen, während er zugleich vor dem einseitigen Vertrauen auf den menschlichen Intellekt warnt. Der scheiternde König Ödipus wird für ihn zu einem Exempel menschlicher Hybris, die darauf hofft, sich aus eigener Kraft aus schicksalhafter Schuld befreien zu können. Euripides, der jüngste der drei, bezeugt in seinen Stücken geringeres Vertrauen als seine Vorgänger in die Kraft der menschlichen Gemeinschaft. Mit analytischer Schärfe stellt er die traditionellen Werte der Religion in Frage und führt seine Helden oft in ausweglos erscheinende Konflikte, die er mit subtiler Menschenkenntnis zeichnet. So beschreibt er die grausame Tat der Kindesmörderin Medea nicht als ein von den Göttern auferlegtes, unverständliches Schicksal, sondern als unmittelbare Folge der Konflikte mit ihrem Ehemann Jason; die alte mythologische Überlieferung wird fast schon in modern anmutende Psychologie überführt.

Der Weg der drei genannten Dramatiker zu «Klassikern», also zu Vorbildern für spätere Generationen, läßt sich dann detailliert nachzeichnen. Bereits im Jahr 405, nach dem Tod von Sophokles und Euripides, beklagt Aristophanes in seiner Komödie *Die Frösche* das «Ende der Tragödie» und läßt – so die Handlung seines Stückes – Dionysos, den Gott des Theaters, in die Unterwelt hinabsteigen, um dort einen der drei großen Dichter nach Athen zurückzuholen, denn keiner der lebenden Schriftsteller reiche an ihre Leistungen heran. So satirisch solche in das Gewand einer Komödienhandlung gekleidete Literaturkritik auch gemeint sein mag, sie beruht doch auf der Bereitschaft, die Werke der Älteren als vorbildlich anzuerkennen. Bereits zwanzig Jahre später war die Kanonisierung der drei weiter fortgeschritten, denn 386 v. Chr. erfuhr das Reglement der «Großen Dionysien», des bedeutenden attischen Theaterfestes, eine entscheidende Veränderung. Zwar sollten nach wie vor während des jährlichen Theaterwettbewerbs neue Stücke aufgeführt werden, doch von nun an wurde dieser Wettstreit mit der Aufführung einer «alten», als musterhaft verstandenen Tragödie eröffnet.

Vollends in den Rang von verbindlichen Vorbildern erhoben wurden die drei Tragiker des 5. Jahrhunderts durch den Neubau des Dionysostheaters in Athen, der von dem Politiker Lykurg veranlaßt wurde und spätestens 325 abgeschlossen war. Lykurg ließ in dem riesigen Theater, das Platz für mehrere tausend Zuschauer bot, Ehrenstatuen des Aischylos, Sophokles und Euripides errichten. Zugleich veranlaßte er die Sammlung der Dramen der drei Autoren in einem verbindlichen Staatsexemplar, das sie vor willkürlichen Veränderungen und Bearbeitungen schützen sollte und zur Grundlage aller späteren Textausgaben wurde. Diese Bemühungen Lykurgs um die literarische Tradition enthalten damit bereits die beiden Facetten der Klassikerverehrung, die sich bis in unsere Gegenwart hinein verfolgen lassen: Neben die Sicherung und Bewahrung der als verbindlich geltenden Texte tritt die Bewunderung ihrer geistigen Urheber, die der staunenden Nachwelt in idealisierten Bildnissen vor Augen geführt werden. Nur hat dann die Geschwindigkeit der Erhebung in den Klassikerstand zugenommen, entsprechend den «veloziferischen» Zeiten, die Goethe mit dem technisch-industriellen Zeitalter beginnen sah. Das Denkmal vor dem Weimarer Nationaltheater, das ihn Hand in Hand mit Schiller zeigt, wurde bereits fünfzehn Jahre nach seinem Tod errichtet, und die bisher umfangreichste Ausgabe seiner Werke, die sogenannte Weimarer oder Sophienausgabe, erschien zwischen 1887 und 1919.

In die Listen vorbildlicher literarischer Werke, die in hellenistischer Zeit entstanden, wurden schließlich auch die Texte anderer Autoren und Gattungen aufgenommen. Wie bereits erläutert, waren damit die Voraussetzungen dafür geschaffen, daß sich die lateinische Literatur, die sich im stetig wachsenden römischen Weltreich zu entwickeln begann, vor allem in der Kaiserzeit unter Augustus und Hadrian an den Grundprinzipien der Nachahmung und Imitation griechischer Vorbilder orientierte.

Selbstverständlich war griechische Kunst, repräsentiert vor allem durch ihre Architektur, Skulpturen und Literatur, schon während der vorangegangenen Jahrhunderte auf römischem

Boden präsent gewesen. Nur hatte man diesen Kunstwerken zunächst noch keine normative Geltung zuerkannt; vielmehr brachten die drei vorchristlichen Jahrhunderte in der bildenden Kunst produktive Stilmischungen hervor. Was in späterer Zeit gern streng als Eklektizismus und Manierismus abgewertet wurde, erweist sich bei unbefangener Betrachtung als innovative Zusammenführung verschiedener Kunststile, wobei neben der griechischen Kunst des 5. Jahrhunderts vor allem auch die Zeugnisse aus der archaischen Zeit Griechenlands und aus dem kleinasiatischen Raum rezipiert wurden, wie ja überhaupt die Zeit des Hellenismus, also der Abschnitt vom Beginn der Regierungszeit Alexanders des Großen (336 v. Chr.) bis zum Niedergang des ägyptischen Reiches (30 v. Chr.), eine intensive Vermischung der griechischen Kultur mit den Kulturen Vorderasiens hervorbrachte. In der Rhetorik wurde allerdings der sogenannte Asianismus im ersten Jahrhundert v. Chr. scharf als Verfallserscheinung verurteilt. Vor allem Dionysios von Halikarnaß sprach in seiner Schrift *Über die alten Redner* den überlieferten griechischen Texten der attischen Zeit vorbildliche Geltung zu und erhob damit einen längst vergangenen Sprachstand zur sprachlichen Norm. Obwohl er das Wort «classicus» in diesem Zusammenhang nicht verwendet, unterscheidet sich die stilkritische Haltung des Dionysios von Halikarnass damit nicht von der des Aulus Gellius, der sich rund 150 Jahre später auf die Instanz des «scriptor classicus» berief, um vorbildliche Sprachverwendung zu demonstrieren. Die Existenz eines «klassischen» Maßstabs ist damit seit den stilkritischen Schriften der Kaiserzeit greifbar. Bei genauerer Betrachtung erweist sich die später so bezeichnete lateinische «Klassik» jedenfalls schon in ihren Anfängen als klassizistische Bewegung, da die Nachahmung einer Entwicklung von eigenen Stilprinzipien vorausgeht.

Die Voraussetzungen für diese umfassende Orientierung an den griechischen Autoren lagen in dem Bewußtsein der eigenen kulturellen Unterlegenheit. Seit den Punischen Kriegen im dritten und zweiten Jahrhundert v. Chr. war Rom zwar zu einer politischen Großmacht gewachsen; sein Herrschaftsbereich erstreckte sich zur Kaiserzeit über den gesamten Mittelmeerraum und reichte nach Norden bis nach Germanien und Britannien. Auch die ehemals selbständigen griechischen Städte waren nun Teil des römischen Weltreichs geworden. Diesen politischen Erfolgen standen jedoch noch keine gleichwertigen künstlerischen Hervorbringungen zur Seite. Solche Einschätzung eines kulturellen Defizits, das offenbar viele römische Intellektuelle teilten, führte zur Ausbildung einer klassizistischen Kunstpraxis, die sich die älteren griechischen Kunstwerke zum Maßstab nahm. Später entstanden aus der epigonalen Nachahmung allmählich eigene Formen, die ihrerseits wiederum Vorbildcharakter erhielten.

Die Orientierung an den griechischen Mustern schlägt sich in allen Gattungen der römischen Literatur nieder. Deutlich wird dies zunächst am Epos, der erzählerischen Großform, für die schon in Griechenland die aus der Frühzeit stammenden Epen Homers, die *Ilias* und die *Odyssee*, als musterhaft gegolten hatten. Der Römer Vergil (70–19 v. Chr.) bezog sich in seiner *Aeneis*, die von der sagenhaften Gründung Roms erzählt, gleich zweifach auf Homer. Zum einen übernahm er die formale Struktur der homerischen Epen: In einzelnen «Gesängen» werden im Versmaß des Hexameters verschiedene selbständige Episoden aneinandergereiht, die von der Wanderung des Aeneas von Ost nach West erzählen und sich zu dem Spannungsbogen einer großen, gegliederten Erzählung zusammenschließen. Vor allem aber verknüpfte Vergil in der Gestalt des Staatsgründers Aeneas, der seinen greisen Vater Anchises aus dem brennenden Troja rettet, die Anfänge Roms mit dem trojanischen Sagenkreis. Auf diese Weise erfuhr die Frühzeit Roms beträchtliche kulturelle Aufwertung, wurde sie doch unmittelbar mit der Geschichte des älteren und angesehenen Griechenland verbunden.

Auch die Geschichtsschreibung der Römer entwickelte sich nach dem Muster der bekannteren griechischen Autoren. Gattungsbestimmend wurde hier vor allem die erzählerische reflektierende Verknüpfung von Ursache und Wirkung, wie man sie bei Herodot und Thukydides studieren konnte und die weit über die bloß chronikale Auflistung von Ereignissen hinausgeht. Die erste römische Geschichte nach diesem Muster – sie stammt von dem Senator Quintus Fabius Pictor – wurde sogar in griechischer Sprache verfaßt. Von dieser Schrift wissen wir heute nur noch aus sekundären Zeugnissen, da der originale Text verlorengegangen ist. Aber auch die späteren römischen Geschichtsdarstellungen, die nun in lateinischer Sprache abgefaßt wurden, nahmen sich das griechische Gattungsmuster zum Vorbild; der römische Historiker Titus Livius (59 v. Chr.–17 n. Chr.) wurde späteren Generationen mit seiner Geschichte Roms *Ab urbe condita* selbst zum Klassiker.

Wie programmatisch sich die Literatur der römischen Kaiserzeit an den älteren griechischen Texten orientierte, demonstriert vor allem die berühmte Poetik des Horaz (65–8 v. Chr.). In dieser Versepistel mit dem Titel *De arte Poetica* werden verschiedene literarische Gattungen vorgestellt. Die Abhandlung folgt keinem systematischen Aufbau und verzichtet auf eine strenge Systematik, doch beruht die gesamte Erörterung auf der grundlegenden Empfehlung der «exemplaria Graeca», der griechischen Muster also, als Vorbild für die lateinische Dichtung. Horaz folgt entschieden einem rationalen Kunstverständnis, das auf ordnender Planung beruht. Dabei beruft er sich mehrfach auf Homer und Aischylos, aus deren Schriften er den Maßstab für guten rhetorischen Stil und sprachliche Korrektheit ableitet. Das zugrundeliegende Stilideal beruht auf den Prinzipien der Geschlossenheit und Kürze. Vermittelt durch den altsprachlichen Schulunterricht, wurde diese von Horaz beschriebene knappe Ausdrucksweise, in der man auch eine Entsprechung zu der formstrengen griechischen Architektur zu erkennen glaubte, vor allem im 19. Jahrhundert grundlegend für den philologisch vermittelten Begriff der literarischen lateinischen Klassik. Zu den vorbildlichen Autoren, die später selbst als musterhaft nachgeahmt wurden, zählte man neben den bereits erwähnten Dichtern Horaz und Vergil vor allem auch den Lyriker Ovid (43 v. Chr.–ca. 18 n. Chr.).

Die bildende Kunst zeigt ähnliche Entwicklungen wie die Literatur. Die griechischen Skulpturen der attischen Zeit wurden in Italien vielfach nachgeahmt, zahlreiche ursprünglich griechische Bildwerke sind ja überhaupt nur durch römische

Kopien überliefert worden. Im Zuge dieses Kanonisierungsprozesses fand aber zugleich eine Reduktion des Formeninventars auf einige wenige Bildformeln statt. Diese aus der Anschauung gewonnenen Stilelemente wurden in späthellenistischer und Augusteischer Zeit teilweise neu kombiniert, auch in Verbindung mit den Merkmalen anderer Epochenstile. So weisen die römischen Skulpturen der Kaiserzeit zahlreiche Übereinstimmungen mit ihren griechischen Vorbildern auf; bei genauerer Betrachtung zeigen sich jedoch stilistische Differenzen, die eine exakte Datierung der jeweiligen Standbilder ermöglichen.

Bekannte Beispiele für diese Bildhauerkunst Roms sind die Kaiserstatuen, die in zahlreichen Kopien bis an die Grenzen des Römischen Reichs weite Verbreitung fanden und so die Stilprinzipien der antiken Bildhauerkunst in Süd- und Westeuropa bekannt machten. Damit war die Grundlage dafür gelegt, daß man sich in der Renaissance am Ausgang des Mittelalters auf vielfältige Muster antiker Kunst beziehen konnte, ohne dabei zunächst klar zwischen den Zeugnissen der griechischen und der römischen Kultur zu unterscheiden. Die Grenzen verwischten sich in der Vorstellung des modernen Europa; die Kulturen Griechenlands und Roms wurden nach und nach zur großen vorchristlichen Kultur der Antike, einem vergangenen «klassischen Zeitalter», dessen Homogenität oft stärker empfunden wurde, als sie in Wirklichkeit war.

Im späten 18. Jahrhundert erfuhr insbesondere der Begriff des «Klassischen» eine signifikante Ausweitung. Denn jetzt sprach man nicht mehr im Sinne des Aulus Gellius allein von «klassischen Autoren» als schlechthin musterhaften Künstlern, vielmehr wurde der Begriff zunächst auf die künstlerischen Hervorbringungen des griechischen und römischen Altertums und schließlich auf die gesamte Antike als geschichtliche Epoche, auf ihre Politik, ihr Staats- und Bildungswesen und ihre Philosophie selbst angewendet. Je mehr die historische Ferne zunahm, desto stärker vollzog sich damit auch ein Vorgang der Verklärung und Idealisierung. Die Vorstellungen von der «klassischen Antike» beziehungsweise dem «klassischen Altertum» wurden, wie Manfred Fuhrmann (*Klassik in der Antike*) gezeigt hat, zur «ästhetisch-anthropologischen Utopie», die etwa die Entwicklung der antiken Naturwissenschaften mit all ihren Errungenschaften wie ihren Irrtümern nicht in den Blick nahm. Der «klassische Mensch», wie er seit Winckelmann der jeweils eigenen Gegenwart als vergangenes Ideal gegenübergestellt wurde, war also eine Erfindung der verklärenden Rückschau. So entstanden in der Historiographie die «klassische Antike» und im Deutschen schließlich die «antike Klassik». Insgesamt aber entfaltete sich nun das große, reiche Panorama des europäischen Klassizismus.

IV. Klassizismus

1. «Classicismus» und «Classizisten»

Im Deutschen hat «Klassizismus», dieses neben «Klassik» verbreitetste substantivische Derivat des Adjektivs «klassisch», niemand Geringeren als Goethe zum Paten: Unter dem 20. April 1819 findet sich in seinem Tagebuch eine Notiz über den Gegensatz von «Classicismus und Romanticismus», und in den *Noten und Abhandlungen* zum *West-östlichen Divan*, der im gleichen Jahr erschien, spricht Goethe im Abschnitt *Lehrer; Abgeschiedene, Mitlebende* an einer Stelle von «Classizisten». Ein Jahr früher bereits ist das Wort «Classicismo» im Italienischen belegt, und bald danach tauchte es auch im Französischen und Englischen auf. «Klassizismus» also ist ein Wort des 19. Jahrhunderts. Das Bedürfnis für diesen Begriff war aus dem historischen Bewußtsein einer Zeit entstanden, die sich als Erbe einer großen, also der klassisch-antiken Tradition sah, aber sich zugleich mit dem Begriff des Romantischen – «Romanticismus» nennt es Goethe – als christlich definierte und sich außerdem abzugrenzen suchte gegen eine Überwältigung durch Vergangenheit auf Kosten der Gegenwart. Goethe selbst schickt seinen Faust, den deutschen Romantiker, auf klassische Bildungsfahrt ins antike Griechenland, aber Euphorion, dem Sohn aus der Vereinigung mit der schönen Helena dort, fehlt die Lebenskraft; sein Höhenflug endet im Abgrund. Das war eine poetische Antwort, aber keine Lösung für ein Problem, das fortbestand. Denn eindeutig und klar verliefen die Grenzlinien zwischen Vergangenheit und Gegenwart nicht, und gerade der Begriff «Klassizismus» sorgte dafür, daß sie sich eher noch verwirrten, haftet ihm doch, wie anderen «-izismus»-Wortbildungen im Deutschen, etwas Pejoratives an.

«Klassizismus» – das ist im allgemeinen Sprachgebrauch zum Begriff für die Nachbildung, Imitation, aber auch kreative

Adaption antiker Kultur, ihrer Regeln und ihrer Muster geworden. Dementsprechend schwanken die Wertungen. Etwas «klassizistisch» zu nennen kann kritisch einschränkend, eben pejorativ gemeint sein, aber es kann auch einen historisch definierbaren Stil bezeichnen, an dessen Eigenrecht und Wert nicht zu zweifeln ist. Deutsche klassizistische Architektur und Skulptur jedenfalls entstand, als zwischen 1788 und 1791 Carl Gotthard Langhans in Berlin den Säulenportikus des Brandenburger Tores nach Motiven der Propyläen in Athen errichtete und Johann Gottfried Schadow für die Metopen des Tores Reliefs von Centaurenkämpfen entwarf sowie 1794 die Quadriga mit der Siegesgöttin Victoria, die das Bauwerk krönt. 1795 schuf Schadow außerdem in Lebensgröße eine Skulptur zweier preußischer Prinzessinnen, Luise und Friederike von Mecklenburg-Strelitz, als jungen Griechinnen, von denen die eine, Luise, bald darauf preußische Königin werden sollte. So viel leichte, die Körper im weiten Gewand mehr enthüllende als verhüllende Schönheit kommentierte der junge König Friedrich Wilhelm III., Ehemann der einen dieser beiden antiken Grazien, mit preußischer Offiziersbreviloquenz: «Mir fatal». Damit sorgte er dafür, daß die Marmorgruppe eingekistet wurde und – wenigstens für lange Zeit – vergessen blieb.

Klassizistische Baukunst entstand allenthalben. Karl Friedrich Schinkel baute in Berlin Unter den Linden seine Neue Wache als römisches Castrum. Halb Tempel, halb römische Villa war auch das Römische Haus, das sich Herzog Carl August in den neunziger Jahren des 18. Jahrhunderts im Weimarer Park hatte bauen lassen, und antike Säulen und Friese zierten fortan nicht wenige öffentliche Gebäude wie etwa den Berliner Reichstag, der errichtet wurde in der Gründerzeit des letzten deutschen Kaiserreichs. Auch der bayrische König Ludwig I. hatte Repräsentanz durch Klassisches im Sinne, als er Leo von Klenze den Auftrag gab, in der Nähe von Regensburg hoch über der Donau eine deutsch-germanische «Walhalla» als weithin leuchtenden griechischen Tempelbau zu errichten, worin dann die Büsten von allen, die Rang und Namen in deutscher Geschichte und Kultur hatten, in arbiträrer und nicht unkontroverser Auswahl untergebracht wurden. Die früheste klassizistische Raumgestaltung in Deutschland aber fand sich, bis zur Zerstörung im Zweiten Weltkrieg, in Dessau. Fürst Leopold III. Friedrich Franz von Anhalt-Dessau hatte die Gestaltung seiner Residenzstadt Friedrich Wilhelm von Erdmannsdorff anvertraut und ebenso die der großzügigen Parkanlagen von Wörlitz, die voller klassischer Zitate steckten: römischen Ruinen, Triumphbögen und Tempel. Im übrigen war klassizistischer Stil eine weltweite Tendenz, nur daß im Englischen und Französischen der «Klassizismus» seit dem 18. Jahrhundert zumeist «neo-classicism» beziehungsweise «néo-classicisme» genannt wird – mit einer jeweils eigenen Geschichte.

2. Kunstideale

Denn «Klassizismus» war zugleich mehr als ein auf ein Jahrhundert begrenzter Stil; er ist im Grunde so alt wie die Geschichte der nachantiken Kultur. Das heißt, er ist eine Tendenz künstlerischer Gestaltung in Architektur, bildender Kunst und schließlich auch Literatur seit der Renaissance, die ja eben nichts anderes als «Wiedergeburt» der Antike bedeuten sollte, ein drittes Zeitalter, dem nach dem versunkenen ersten als zweites das «Mittelalter» gefolgt war, das es nun zu überwinden galt, bis man sich – und das geschah nun tatsächlich um 1800 – unter dem Zeichen des Romantischen gerade auf dieses «mittlere» Zeitalter neu besann, so daß «Classicismus und Romanticismus» erneut als tiefe Gegensätze erschienen. Aber die scheinbar klaren Trennungslinien zwischen beiden verwischen sich dann wieder bei genauerer Betrachtung. Denn neben die Bewunderung und Nachbildung der Antike trat seit der Renaissance nach und nach Auflehnung dagegen. Jene schon erwähnte französische «Querelle des anciens et des modernes», die Frage also, die Charles Perrault 1687 in einer Akademierede auf Ludwig XIV. aufwarf, indem er den Fortschritt seiner Zeit in Wissenschaften und Produktion gegenüber einer statuarisch verklärten alten Kultur pries, rüttelte an den Fundamenten aller bisherigen ästhetischen Vorstellungen und Begriffe. Daran entzündete sich der Streit, dessen bedeutendster Sprecher auf seiten der «Alten» Nicolas Boileau war. Was die «Alten» den «Modernen» entgegenhielten, war nicht nur die bleibende Vorbildhaftigkeit der Werke antiker Dichtung, sondern auch die damit verbundene Überzeugung, daß die moderne Dichtung solche Größe kaum mehr erreichen und schon gar nicht übertreffen könne. Der Gegenwart fehle jenes ungebrochene Menschentum, das aus den Schriften der Antike spreche. Die Position der «Alten» enthielt also eine gesellschaftskritische Note im Zeitalter absolutistischer Machtherrlichkeit des Sonnenkönigs, zu dessen Verteidigung hingegen die «Modernen» antraten, deren Einstellung zu geschichtlicher Entwicklung natürlich die realistischere war. Der Streit löste sich auf im Geschichtsbild der Aufklärung, in dem jeder Kultur und jeder Epoche ihr eigenes Recht innerhalb des Fortschreitens der Menschheit zugestanden wurde. «Klassizismus» verband sich so mit dem Historismus, einem Bewußtsein von der Geschichtlichkeit alles Seins und schließlich vom Fortschritt in der Geschichte überhaupt.

Die Ansicht, daß die antike Literatur zumindest formal unübertroffen bleibe, war damit jedoch nicht prinzipiell erschüttert, wie sich in den ästhetischen Reflexionen des 18. Jahrhunderts bis zu Kant zeigte. In der Tat waren die Dramen und Epen der Griechen die ersten großen dichterischen Leistungen in der europäischen Kultur überhaupt gewesen; sie sprachen noch immer unmittelbar zur Gegenwart, und was aus anderen Kulturen und Traditionen allmählich bekannt wurde, konnte ihren Rang nicht beeinträchtigen. Nur wurde der Aneignungsprozeß allein schon durch Übersetzung dann oft auch Umgestaltung ins Eigne, Moderne, wie etwa Hölderlins Übertragungen des Sophokles in eine emotionsgeladene, an die Grenzen der Verstehbarkeit reichende Sprache zeigen.

In Deutschland hatte es eine «Querelle» nicht gegeben, weil die Deutschen keine klassizistische Literatur und Ästhetik besaßen, mit der sie sich hätten auseinandersetzen können. Gottsched hatte vielmehr, als er eine neue deutsche Literatur etablieren wollte, die Werke der französischen Klassiker zur Nachahmung empfohlen, und erst mit Lessing und Winckelmann, also nach der Mitte des 18. Jahrhunderts, begann eine deutsche Diskussion über Wert und Bedeutung antiker Kunst, aber nun bereits auf einem historistischen Standpunkt, den die Franzosen als Folge ihrer «Querelle» erreicht hatten. Denn Lessings Interpretation der Aristotelischen Ästhetik des Dramas in seiner *Hamburgischen Dramaturgie* (1767–1769) war nichts anderes als die Interpretation von Kunstnormen aus den historischen Bedingungen des antiken Theaters und zugleich eine kritische Untersuchung, inwieweit solche Normen noch als brauchbar betrachtet werden konnten für eine deutsche Literatur der Gegenwart, die sich nicht auf eine eigene, überregionale Tradition stützen konnte.

In den bereits erwähnten *Gedanken über die Nachahmung der Griechischen Werke* hatte auch Winckelmann die Griechen in ihrer eigenen Zeit zu betrachten gesucht, um daraus Perspektiven für das Verständnis der weiteren Entwicklung europäischer Kunst abzuleiten. Wenn er aber «edle Einfalt und stille Größe» «allgemeine vorzügliche Kennzeichen der griechischen Meisterstücke» nannte, so war eine solche Charakterisierung mehr als nur eine Erklärung griechischer Kunst aus ihren historischen Gegebenheiten. Hier wurde das Interesse für das Kunstwerk deutlich von außen nach innen verlagert: Kunst als Form war Ausdruck eines Seelenzustandes und damit der freie, selbständig denkende und fühlende Mensch der eigentliche Gegenstand aller Kunst und Kunstinterpretation. Zugleich entstand aber auch mit den beiden Begriffen «Einfalt» und «Größe» die Vorstellung von einer idealen Verfassung dieses freien Menschen: Ihm entsprach die «große und gesetzte Seele», die in der Tiefe «allezeit ruhig bleibt, die Oberfläche mag noch so wüten». Was Winckelmann entwarf, war das Bild einer Harmonie von «schöner Seele» und «schönem Körper», vom Menschen, der in Einklang mit sich und seiner Welt lebt, aber in einem errungenen, keinem naiv vorgegebenen Einklang. Größe und Adel konnten sich erst in Kämpfen und Leiden erweisen, wofür in Winckelmanns Sicht besonders die Skulptur des ringenden Laokoon die anschaulichste Illustration darstellte. An ihr haben nach Winckelmann auch Lessing, Herder, Goethe und Schiller wesentliche Züge ihrer Kunstanschauungen demonstriert. Denn allein die Kunst konnte ein solches Gleichgewicht von Leiden und Größe, Oberfläche und Tiefe gestalten als Forderung an die Wirklichkeit, die, in der Zeit befangen, immer dahinter zurückbleiben mußte. Winckelmanns wirkungsmächtige Formel bezeichnete also zuerst und zunächst ein Kunstideal für die deutsche Gegenwart. Die ästhetischen Konzepte ebenso wie die Kunstwerke, die unter dem Einfluß dieses Ideals entstanden, es reflektierten oder ihm in ihren Gesinnungen zumindest verwandt waren, sind dann in die deutsche Literaturgeschichte unter dem Begriff einer eigenen, nationalen «Klassik» eingegangen. Das begriffliche Verhältnis zwischen «Klassik» und «Klassizismus» ist deshalb im Deutschen auf lange Zeit unscharf geblieben; in anderen europäischen Sprachen existiert es nicht einmal, wie schon zu sehen war.

Vierzig Jahre nach Winckelmanns Schrift hat Goethe in seinem Roman *Wilhelm Meisters Lehrjahre* den sozialen Ort dieses Ideals noch einmal genau bezeichnet, wenn er seinen Helden nach der «harmonischen Ausbildung» seiner «Natur» verlangen läßt, die ihm unter den deutschen Verhältnissen sein Bürgerstand versagte und die allein dem «Edelmann» vergönnt war. Der Bezug auf die Antike also war Teil der bürgerlichen Emanzipation. Das geschah auf verschiedene Weise – bei Klopstock in der Übernahme antiker Formen für die moderne Gefühlswelt der Empfindsamkeit und nach der Französischen Revolution auch für die politischen Tageskämpfe, bei Wieland in teils ernster, teils ironischer Reflexion über den Zusammenhang zwischen Leben und Kunst in den antiken Republiken oder aber in der parodistischen Antikisierung deutscher Schildbürger zu klassischen Abderiten. Seit 1781 veröffentlichte Johann Heinrich Voß seine Übersetzungen von Homer, Vergil, Horaz und Ovid und wurde damit zum bedeutendsten deutschen Vermittler antiker Literatur überhaupt – seine Arbeit hat in sich selbst klassischen Rang behalten. Den Geist, der ihn dabei beseelte, demonstrierte Voß in den eigenen kleinen Epen in homerischem Stil (*Die Leibeigenen* und *Die Freigelassenen*, 1785; *Luise*, 1795), denn durch die antike Form wurden holsteinische Leibeigene, zwischen Not und Hoffnung lebend, ebenso wie eine brave Landpastorenfamilie den Helden Homers beigeordnet und so zumindest zur literarischen Bürgerfreiheit erhoben.

3. Klassische Bürgerlichkeit

«Klassizismus» bedeutete mehr als die Imitation kanonischer Formen. Zur Antike gehörten Tempel, Skulpturen und reichbemalte Vasen, gehörten die Epen Homers und Vergils, die Dramen von Aischylos, Sophokles, Euripides, Aristophanes und Plautus sowie die Gesänge von Pindar und Horaz, und es gehörten dazu auch die Schriften der Philosophen und Historiker, also die Werke von Sokrates, Platon, Aristoteles, Herodot und Plutarch. Durch all dies war ein großes Panorama vergangenen Lebens auf die Nachwelt gekommen, die es aus immer neuen Perspektiven betrachtete. «Jeder hat noch in den Alten gefunden, was er brauchte, oder wünschte; vorzüglich sich selbst», lautet das 151. der Fragmente, die Friedrich Schlegel 1798 in seinem *Athenaeum* veröffentlichte. Solch «Klassizismus» als bürgerliche Interpretation der Antike aber war ein gesamteuropäisches Phänomen in der zweiten Hälfte des 18. Jahrhunderts, was den von Rousseau inspirierten Protestbewegungen, etwa dem deutschen Sturm und Drang, durchaus nicht prinzipiell widersprach, wie die Übergänge von einem zum anderen zeigen. So war zum Beispiel Goethes Hinwendung zu klassischen Stoffen und Formen in der frühen Weimarer Zeit nicht Abkehr von Früherem, sondern schlüssige Fortsetzung eines begonnenen Weges. Novalis aber schreibt 1798, die Rolle Goethes als des «wahren Statthalters des poetischen Geistes auf Erden» sowohl anerkennend wie einschränkend: «Er hat in der deutschen Literatur das getan, was Wedgwood in der englischen Kunstwelt getan hat – er hat, wie die Engländer, einen natürlich ökonomischen und einen durch Verstand erworbenen edeln Geschmack.» (S. 409)

Diese Bemerkung – vielleicht durch *Hermann und Dorothea* angeregt und jedenfalls Novalis' spätere Kritik am *Wilhelm Meister* vorbereitend – erlaubt von einem einzigen Punkt her einen Blick auf die ganze Komplexität des Klassizismus-Verständnisses dieser Jahre. Josiah Wedgwood war der Begründer der englischen Tonwarenindustrie, der in den sechziger Jahren ein eigenes Industriestädtchen Etruria gründete und dort etrurische Vasen sowie andere antike Töpferei in feiner Jasper-Keramik nachbilden ließ, also antike Formen für das bürgerliche Wohnzimmer zubereitete. Suchten die Deutschen in der Antike etwas in ihrer Gegenwart nicht Vorhandenes, so waren die Engländer bestrebt, das Vorhandene auszuschmücken und sich im Besitz schöner Formen selbst zu bestätigen. Es war ein Unterschied, der Novalis entging. Selbstbestätigung ist jedoch ein sehr wesentlicher Aspekt in der Geschichte des «Klassizismus», wie gerade das englische Beispiel deutlich zeigt. Josiah Wedgwood nahm 1771 John Flaxman in seine Dienste, der Englands bedeutendster klassizistischer Bildhauer wurde und der für Wedgwoods Töpferei neben Reliefporträts eine Fülle antiker Motive und Ornamente schuf, die dann auf Vasen, Krügen, Broschen, Salzfässern, Teekannen, Terrinen, Parfümflaschen und Messergriffen das bürgerliche Interieur zierten und erhoben; sie sind seitdem «klassisch» geworden als schönes, teures, bis auf den heutigen Tag begehrtes Geschirr. Von der Technik ausgehend, die er sich in dieser Arbeit angeeignet hatte, schuf Flaxman aber auch Illustrationen zu Homer und Dante (1793) sowie zu Aischylos (1795), die August Wilhelm Schlegel in einem programmatischen Aufsatz im zweiten Band des *Athenaeum* (1799) als Vorbild für eine neue, romantische Kunst vorstellte. Gemeint war eine Kunst, in der die «Zeichen» des Künstlers etwas den «Hieroglyphen» der Dichter Ähnliches waren: «Die Phantasie wird aufgefodert zu ergänzen, und nach der empfangenen Anregung selbständig fortzubilden, statt daß das ausgeführte Gemählde sich durch entgegen kommende Befriedigung gefangen nimmt.» (S. 205)

Die Wirkung von Flaxmans Schaffen war für die deutsche Literaturgeschichte nicht ohne Ironie. Wenige Wochen vor Schlegels Aufsatz war das erste Stück des zweiten Bandes von Goethes Zeitschrift *Propyläen* erschienen, in dem dieser eine Preisaufgabe zur Illustration einer Szene aus der *Ilias* ausschrieb mit der Bemerkung, die «Kunst der Alten» habe sich in dem Werke Homers «eine Welt geschaffen, wohin sich jeder ächte moderne Künstler so gern versetzt, wo alle seine Muster, seine höchsten Ziele sich befinden». Hinzugefügt wird aber eine ausdrückliche Warnung vor Flaxman, dessen Kupferstiche zur *Ilias* zwar «geistreich gefaßt» seien, «doch ist Anordnung sowohl als die Zeichnung sehr fehlerhaft» (*Nachricht an Künstler und Preisaufgabe*). Im selben Augenblick, da Goethe von dem englischen Klassizisten zurücktrat, wurde dieser also an die Wiege eines romantischen Kunstverständnisses geholt. Differenzpunkt war jedoch nicht der antike Stoff, sondern die Art seiner Behandlung, die auf unterschiedlichen Auffassungen von der Aufgabe und Wirkungsweise der Kunst insgesamt beruhte, denn an Wert und Rang der Antike wurde auch bei August Wilhelm Schlegel nicht gerüttelt.

Der ästhetische «Klassizismus» und die damit verbundene Popularisierung antiker Kultur durch die Kunst trugen weithin in Europa Früchte und machten Klassisches um die Jahrhundertwende zu einer allgemeinen Modeerscheinung. Die Damenmode zum Beispiel emanzipierte sich von Schnürbrust und Unterröcken: Das Gewand ließ die Gestalt des Körpers durchscheinen, ganz so, wie man es an den antiken Skulpturen – den «Antiken» in der Sprache der Zeit – studieren konnte. Die Frauen steckten sich die Haare hoch, und an den Füßen trugen sie flache, geschnürte Sandalen. Johann Gottfried Schadows Gruppe der beiden mecklenburgischen Prinzessinnen Luise und Friederike repräsentierte diesen Stil auf das vollendetste, und Novalis bemerkte dazu in seinen politischen Fragmenten *Glauben und Liebe*: «Die Gruppe von Schadow sollte die gute Gesellschaft in Berlin zu erhalten suchen, eine Loge der sittlichen Grazie stiften und sie in dem Versammlungssaale aufstellen.» (S. 363) Der Siegeszug der «Gräkomanie» war nicht aufzuhalten, und der Held von Jean Pauls *Flegeljahren* (1804/05) beobachtet, «daß sogar gemeine Mägde etwas vom Jahrhundert hatten und ihre Schürzen so weit und griechisch in die Höhe banden, daß ein geringer Unterschied zwischen ihnen und den vornehmsten Herrschaften verblieb». (I, 17)

Der «Klassizismus» im ausgehenden 18. Jahrhundert erfuhr durch politische Vorgänge und Ereignisse noch besonderen Nachdruck. Schon Schillers Fiesco hatte sich als Republikaner «an antiken Szenen» erhitzt, und als Joachim Heinrich Campe in der ersten Revolutionszeit nach Paris kam, schrieb er enthusiastisch: «Ob es wirklich wahr ist, [...] daß ich in Paris bin? Daß die neuen Griechen und Römer, die ich hier um und neben mir zu sehen glaube, wirklich vor einigen Wochen noch Franzosen waren?» In unzähligen großen und kleinen Analogien griff das revolutionäre Frankreich selbst auf die Geschichte der römischen Republik zurück, um die politischen Ziele durch den Bezug auf eine Tradition nicht nur zu legitimieren, sondern ihnen auch Anschaulichkeit zu geben. Die politische Geschichte Roms wurde in den Fraktionskämpfen zur politischen Mythologie. Cäsar, Brutus und den Gracchen galt besondere Verehrung, und 1791 errichtete man in Paris aus der einstigen Kirche der heiligen Genoveva ein Panthéon français. Auch dieser Antikekult im Gefolge der Revolution war Teil des europäischen «Klassizismus» dieser Jahre.

Wenn in Paris Jacques-Louis David sein Gemälde *Horatierschwur* (1784/85) klassizistisch nach einem Stoff aus der römischen Geschichte benutzte, um daraus Haltungen und Ausdruck der Gestalten auf sein Bild vom Ballhausschwur am 20. Juni 1789 (1791/92) zu übertragen, so tat er im Grunde dasselbe, was Josiah Wedgwood schon früher mit Flaxmans antiken Vignetten für das bürgerliche Eßgeschirr und Johann Heinrich Voß mit Homers Hexametern für das Leben seines Landpastors von Grünau und dessen Tochter Luise getan hatte. Was im übrigen vor dem 18. Brumaire den französischen Republikanern Brutus bedeutet, das wurde ihnen danach Julius Caesar. Denn auch Napoleon hat die klassizistische Stilisierung noch fortgesetzt, ebenso wie die Gräkomanie der Mode in den Empirestil und später, in den zwanziger Jahren des 19. Jahrhunderts, in die europäische Bewegung des Philhellenismus überging, als die Griechen sich von der türkischen Besetzung befreiten.

Allerdings gab es nationale Differenzen. Winckelmann hatte seine Interpretation einer idealen Antike vor allem an griechischen Skulpturen entwickelt, und es war dieses ideale Griechenland, das die Deutschen mehr faszinierte als Rom, für das nun wiederum die Franzosen nach der Revolution die größere Affinität besaßen. Denn Rom war das Modell einer streitbaren, prinzipienbewußten Republik, deren Überreste und Denkmäler noch zu besichtigen waren. Dichter und Künstler zogen in großen Scharen nach Italien, während der General Bonaparte 1797 mit dem Friedensvertrag von Tolentino eine Art usurpatorische, einem Gewaltpolitiker entsprechende Gegenbewegung initiierte und viele der bedeutendsten und kostbarsten Kunstwerke Italiens nach Paris bringen ließ, ähnlich wie wenige Jahre später der Graf Elgin die Akropolis plünderte und die «Elgin Marbles» nach England schaffte. Zwischen Rom und Griechenland bestand indes für die damalige Zeit ein entscheidender Unterschied. Rom hatte sich lebendig fortentwickelt, die Antike absorbiert, war Hauptstadt der Christenheit geworden und im übrigen verhältnismäßig leicht zugänglich. Das antike Griechenland hingegen war der Inbegriff für eine ferne, gänzlich untergegangene Kultur. Seit dem Beginn des 16. Jahrhunderts war es unter türkischer Herrschaft, seiner einstigen Vergangenheit völlig entfremdet. Im 18. Jahrhundert war Athen ein Landstädtchen von der Größe Weimars. Zugänglich war das Land kaum, und vor Lord Byron, der 1824 im Freiheitskampf der Griechen gegen die Türken starb, hat kaum ein Dichter aus dem nördlichen Europa griechischen Boden betreten. Wenn Goethe seine Iphigenie von Tauris aus aufs Meer blicken läßt, «das Land der Griechen mit der Seele suchend» (Vs. 12), so war das nicht nur sinnbildlicher Ausdruck für eine klassizistische Kunstprogrammatik, sondern als Sinnbild auch historisch zwangsläufig, denn die deutschen Dichter waren noch sehr viel entschiedener von diesem Griechenland getrennt als Iphigenie von den Ihren. Griechenland ließ sich für die Modernen überhaupt nur noch mit der Seele suchen, während Goethe in Italien immerhin «auf klassischem Boden begeistert» die «Vor- und Mitwelt» in glücklicher Einheit empfinden konnte. Lediglich in Sizilien konnten er und manche anderen deutschen Italienpilger unmittelbar den Überresten griechischer Kultur begegnen, die sich im 8. Jahrhundert

v. Chr. dorthin ausgebreitet hatte. Aufstände seit 1770 hatten auf die Existenz einer unterdrückten Nationalität in Griechenland aufmerksam gemacht. In seinem Roman *Hyperion* (1797–1799) hat Hölderlin eigenes, deutsches Leiden an Erniedrigung und Fremdheit auf die Griechen ebendieser Jahre übertragen, und in seinem großen Hexameter-Gedicht *Der Archipelagus* (1804) trauert er aus der Perspektive der Gegenwart der vergangenen Größe Athens nach:

Sage, wo ist Athen? ist über den Urnen der Meister
Deine Stadt, die geliebteste dir, an den heiligen Ufern,
Trauernder Gott! dir ganz in Asche zusammengesunken,
Oder ist noch ein Zeichen von ihr, daß etwa der Schiffer,
Wenn er vorüberkommt, sie nenn und ihrer gedenke?
Stiegen dort die Säulen empor und leuchteten dort nicht
Sonst vom Dache der Burg herab die Göttergestalten?
Rauschte dort die Stimme des Volks, die stürmischbewegte,
Aus der Agora nicht her, und eilten aus freudigen Pforten
Dort die Gassen dir nicht zu gesegnetem Hafen herunter?

Von solcher Sehnsucht ging dann ein kontinuierlicher Strom von Sympathie durch die deutsche Literatur der nächsten beiden Jahrzehnte, bis hin zu dem Punkt, daß sich von einer regelrechten Tyrannei Griechenlands über die Deutschen sprechen ließ, wie die englische Historikerin Eliza Marian Butler es getan hat. 1807 schreibt Görres am Schluß seiner «Näheren Würdigung» der *Teutschen Volksbücher*, dieser Sammlung von Dokumenten einer deutsch-romantischen Tradition, eine Parallele zwischen der Fremdherrschaft über Deutschland und Griechenland ziehend: «Es würde kläglich seyn, wenn je die Achtung und die Liebe für griechischen Sinn und griechische Kunst unter uns aussterben sollte, besonders itzt, wo beide Nationen sich wenigstens im Unglück gleich geworden sind.» Und in den zwanziger Jahren waren es dann Adelbert von Chamisso und Wilhelm Müller – der «Griechenmüller» –, die Lord Byron wenn auch nicht praktisch, so doch immerhin poetisch im Unabhängigkeitskampf der Griechen zur Seite traten.

Die Geschichte des Klassizismus im 18. Jahrhundert stand

also in engem Zusammenhang mit der sozialen Emanzipation des Bürgertums in den Staaten Europas, aber sie hat viele Facetten und läßt sich nicht als etwas Einheitliches ansehen, dem dann am Jahrhundertende eine antiklassizistische, romantische Bewegung gegenübergetreten wäre. Was immer sich an Differenzierungen, Gegenüberstellungen und «Querelles» zwischen antik und modern, klassisch und romantisch entwickelte, ruhte auf der Grundlage klassischer Bildung. Klassische Mythologie und klassische Geschichte waren allen vertraut, die nur im mindesten auf Bildung Anspruch erhoben, wurde doch an den Schulen und Universitäten Bildung hauptsächlich in den klassischen Sprachen vermittelt. Akademisches Literaturstudium bedeutete nichts anderes als das Studium antiker Rhetorik und der antiken Klassiker; hier lagen die Muster und das Bildarsenal des Denkens und Argumentierens.

4. Buchkunst

Die literarischen Auseinandersetzungen der neunziger Jahre des 18. Jahrhunderts wurden oft in Journalen ausgetragen, deren Titel ein Tummelplatz klassischer Bildung waren, ohne daß sie schon einen Schluß auf die Positionen ihrer Beiträger zugelassen hätten. Parallel zu Goethes *Propyläen* erschien das *Athenaeum* der Brüder Schlegel. Schiller gab nacheinander eine *Thalia* und dann *Die Horen* heraus, Herder eine *Adrastea*. Friedrich Schlegels erste Fragmente wurden in Johann Friedrich Reichardts *Lyceum der schönen Künste* abgedruckt. Wieland edierte ein *Attisches Museum*, und Jenaer Studenten um August Klingemann versammelten sich zu einem kurzlebigen Journal *Memnon*. Die Tendenz setzte sich in der ersten Dekade des neuen Jahrhunderts fort. Brentanos spätere Frau Sophie Mereau, eine Bewunderin Schillers, publizierte einen *Kalathiskos*, Ludwig Tiecks Schwager August Ferdinand Bernhardi einen *Kynosarges*, August Bode eine *Polychorda*, Kleist und Adam Heinrich Müller einen *Phöbus*, Leo von Seckendorff einen *Prometheus* und Johann Gustav Büsching ein *Pantheon*. In der Politik waren es nach der Revolution die Journale *Brutus*, *Eudämonia* und

Klio, die sich auf klassische Würde stützten. Die aber zeigte sich auch in der Gestaltung der Bücher selbst.

Mit der Ausweitung der Buchproduktion seit der Mitte des 18. Jahrhunderts, der Differenzierung des Buchmarktes und den wachsenden technischen Möglichkeiten wuchs bei Buchhändlern und Lesern das Bedürfnis nach ästhetischer Buchgestaltung. Die Bemühungen verschiedener Verleger in England, Italien, Frankreich und Deutschland um eine Verbesserung der Typographie schufen die Voraussetzungen für aufwendige Prachtausgaben, die sich ausdrücklich an klassizistischen Stilprinzipien orientierten und allein solchen Autoren vorbehalten blieben, denen man besonderen Rang zuerkannte. Literarische Werturteile wurden auf diese Weise zum Objekt der verlegerischen Spekulation, konnten durch die gehobene Buchausstattung doch auch zeitgenössische Autoren zu «Klassikern» erhoben und den antiken Schriftstellern gleichberechtigt an die Seite gestellt werden. Damit war ein neues buchhändlerisches Feld erschlossen, denn die entstehenden Klassikerausgaben zielten auf ein wohlhabendes Lesepublikum, das durch den Erwerb der kostspieligen Bücher gleichermaßen seine Bildung, seinen ästhetischen Geschmack und seinen Wohlstand demonstrieren konnte. Betrachtet man die Verlagswerbung für aktuelle Klassikerausgaben, hat sich bis heute an dieser Einschätzung des «wertvollen Buches» als Prestigeobjekt wenig geändert.

Zum zentralen Erkennungszeichen der klassizistischen Buchgestaltung im ausgehenden 18. Jahrhundert wurde die Verwendung der lateinischen Druckschrift, der Antiqua, die in Deutschland zunächst allein den Werken fremdsprachlicher Texte oder antiker Autoren vorbehalten gewesen war. Muttersprachliche Texte wurden hingegen bis ins 20. Jahrhundert hinein vorwiegend in der gewohnten Frakturschrift gedruckt, die als leichter lesbar galt. So konnte um 1800 bereits die Wahl einer Antiqua-Schrift für das Werk eines modernen Autors zum Ausweis seiner Klassizitiät werden.

An der Entwicklung von modernen Antiqua-Schriften, die sich die graphischen Gestaltungselemente antiker Inschriften zum Vorbild nahmen, waren mehrere europäische Verleger beteiligt. In England hatte John Baskerville im späten 18. Jahrhundert eine lateinische Schrift entwickelt – ihre Abkömmlinge finden sich noch heute in den Schriftfonts moderner Textverarbeitungssysteme –, die wegen ihrer harmonischen Gestaltung und Gleichmäßigkeit der Formen rasch Bewunderer fand. Baskerville verwendete diese neue Schrift für aufwendige Ausgaben «klassischer» Autoren. Dazu zählten in erster Linie antike Schriftsteller, nämlich Vergil, Juvenal, Persius Flaccus und Horaz. Darüber hinaus würdigte Baskerville auch die Verfasser neuzeitlicher Epen, nämlich John Milton und Ludovico Ariosto, mit wertvollen Ausgaben und bereitete damit ihrer Rezeption als «moderne Klassiker» den Weg. So wird die Buchausstattung selbst zum Signal, das die inhaltliche Nähe der modernen Epen zu ihren antiken Vorbildern markiert. In dieser Perspektive ist «Klassizität» keine Eigenschaft, die allein dem immateriellen literarischen Text unabhängig von seiner manifesten Gestalt zukommt, vielmehr entsteht sie erst durch die gezielte verlegerische Präsentation eines Werkes innerhalb des literarischen Feldes.

Auch in den romanischen Ländern unterstützten mehrere Verleger die Entwicklung der neuen Buchkunst. In Frankreich hatten François-Ambroise und Firmin Didot eine klassizistische Antiqua entworfen, die gerade auch in Deutschland geschätzt wurde; in Italien beschrieb Giambattista Bodoni 1818 in seinem *Manuale Tipografico* die ästhetischen Grundprinzipien der klassizistischen Buchgestaltung. Zu der Forderung nach Schönheit und Ebenmäßigkeit der Antiqua-Lettern, der herausragenden Qualität des Papiers und der gleichmäßigen Schwärze des Druckbildes trat der Anspruch, den Buchschmuck auf einfache horizontale Linien zu beschränken und Illustrationen soweit wie möglich zu vermeiden. Damit wurden dieselben ästhetischen Grundprinzipien, die man im 18. Jahrhundert aus der Anschauung der griechischen Architektur gewonnen hatte – Reduktion der Formen und «Erhabenheit» des Ausdrucks – auf das Medium des Buches übertragen, das so vom Gebrauchsgegenstand in den Rang eines Kunstwerks erhoben wurde. Diese Aufwertung der Form betraf natürlich immer auch den

Inhalt; denn nur wenige Autoren wurden von ihren Verlegern einer solchen Nobilitierung für wert befunden.

In Deutschland waren im ausgehenden 18. Jahrhundert verschiedene Verleger an der Entwicklung der klassizistischen Buchkunst beteiligt. Neben Johann Friedrich Unger in Berlin war es vor allem der geschäftstüchtige Leipziger Verleger Georg Joachim Göschen, der sich um die Entwicklung der lateinischen Typographie bemühte und gleich mehrere anspruchsvolle Klassikerausgaben herausgab. Dabei legte er eine Antiqua-Schrift zugrunde, die der Schriftgießer Johann Carl Ludwig Prillwitz 1790 in Jena entwickelt hatte. Diese «Prillwitz-Lettern», wie sie bald genannt wurden, nahmen zentrale Gestaltungsprinzipien der aus dem Ausland bekannten klassizistischen Schriften auf; zugleich entbanden sie Göschen von der Notwendigkeit, teure Konzessionsgebühren für die Verwendung der Didotschen Schriften zu entrichten. Handfeste wirtschaftliche Erwägungen traten so an die Seite ehrgeiziger ästhetischer Ansprüche – auch die Buchkunst entwickelte sich nicht unabhängig von materiellen Interessen.

Das anspruchsvollste klassizistische Projekt aus Göschens Verlag ist die vierzigbändige Ausgabe der Werke Christoph Martin Wielands, die in den Jahren 1795–1802 parallel in vierfacher Ausstattung erschien. Dieses ungewöhnliche Verfahren, das sich an der unterschiedlichen Kaufkraft der interessierten Leser orientierte, sollte von vornherein den illegalen Nachdruck schwächen. Die aufwendigste dieser vier Ausgaben, die sogenannte Fürstenausgabe im großen Quartformat, wurde in der Prillwitz-Antiqua gedruckt und avancierte wegen ihrer aufwendigen typographischen Gestaltung schnell «zum bestimmenden Vorbild klassizistischer Buchgestaltung des ausgehenden 18. Jahrhunderts» (Füssel, S. 100). Mit dieser Ausgabe wurde Wieland noch zu Lebzeiten zu einem Klassiker erklärt; eine Würdigung, die Göschen nur wenigen anderen Autoren seiner Zeit zuteil werden ließ. Manche seiner literarischen Urteile erscheinen aus heutiger Sicht unangemessen, doch immerhin brachte Göschen seit 1798 auch die Werke Klopstocks in einer ähnlichen Prachtausgabe heraus, und 1802 erschien eine typographisch anspruchsvolle Ausgabe von Schillers *Don Carlos*, gesetzt ebenfalls in der klassizistischen Prillwitz-Antiqua. Damit war dieses Drama, dessen erste Entwürfe Schiller zunächst noch in regelloser Prosa notiert hatte, ebenfalls zu kanonischer Würde gekommen. Überhaupt hatte Schiller stets und in viel stärkerem Maße als Goethe auf eine sorgfältige typographische Gestaltung seiner Werke gedrungen.

Nach dem Plan Göschens sollten auch die antiken Schriftsteller in neuer, anspruchsvoller Ausstattung im deutschen Buchhandel erhältlich sein. Seit 1796 plante er eine «Bibliothek der lateinischen und griechischen Klassiker», wie er seinem vertrauten Freund Karl August Böttiger in einem Brief vom 4. März 1796 erklärte. Erläuternd fügte Göschen an, für welchen Käufer er die geplante Klassiker-Ausgabe entwarf, nämlich «für den Mann von Geschmack, nicht für den Philologen; ich muß hinzusetzen: für den begüterten Mann von Geschmack, der gern seine Meubles und seine Wohnung, mithin auch seine Wohnung gern elegant hat» (zit. nach Füssel, S. 138). Hier verschwimmen, ähnlich wie bei den Keramiken Wedgwoods, die Grenzen zwischen klassizistischer Ästhetik und Kunsthandwerk, wird doch der Erwerb von Klassikern – in den angemessenen Ausgaben selbstverständlich – zur Frage des gehobenen Lebensstils.

Von diesem ehrgeizigen Klassiker-Projekt konnten allerdings nur wenige Bände realisiert werden; immerhin erschienen neben Werken Ciceros, Eutropius' und Vitruvs auch Homers *Ilias,* eine Empedokles-Ausgabe sowie das griechische Neue Testament in einer eigens dafür entworfenen Schrift. Zugleich gab die geplante Reihe mit antiken Autoren auch Gelegenheit, den um 1800 vieldiskutierten Begriff des «Klassischen» neu zu überdenken. 1808 veröffentlichte der Danziger Professor Carl Simon Morgenstern, der an der geplanten Klassiker-Ausgabe als Herausgeber mitwirken sollte, in Göschens Verlag einen schmalen Band mit Reden. Darunter befindet sich der programmatisch betitelte *Plan im Lesen*, in dem der Verfasser seine Studenten vor der allgemeinen «Lesewut» warnt und ihnen statt dessen die «Klassiker» anempfiehlt. Zur Auswahl des geeigneten Lesestoffs gibt er eine klare Anweisung: «Classisch hieß hernach alles, was in seiner Art als das höchste gelten darf: bald in Hinsicht auf das, was das ist [;] wenn man den Begriff steigern wollte, mit Hinsicht auf das, was da seyn soll». Klassizität ist hier also kein zeitgebundenes Merkmal eines Epochenstils, sondern Ausweis idealer Vollkommenheit, wie sie zu allen Zeiten möglich ist. Entsprechend werden klassische Schriftsteller beschrieben als die, «welche rein menschliches Interesse haben, indem sie den ursprünglichen Menschensinn für das Wahre, das Gute, das Schöne, unmittelbar, und nicht jeden besonders, sondern den dreyfachen Sinn zugleich beschäftigen; den Menschen im Menschen aus eignem, höhern Leben zu höherm Leben bilden» (zit. nach Füssel, S. 147). Die angeführten Beispiele für solche klassischen Schriftsteller nennen neben antiken Autoren auch Dante, Petrarca, Corneille und Shakespeare sowie Klopstock, Goethe, Schiller und Wieland. Genau diese zeitgenössischen deutschen Autoren aber, denen hier der Rang zeitloser Klassizität und Idealität zuerkannt wird, waren in den vorangehenden Jahren bereits durch Prachtausgaben als Klassiker auf dem Buchmarkt präsentiert worden.

5. Klassizismus in der Neuen Welt

Amerika, du hast es besser
Als unser Kontinent, das alte,
Hast keine verfallene Schlösser
Und keine Basalte.
Dich stört nicht im Innern
Zu lebendiger Zeit
Unnützes Erinnern
Und vergeblicher Streit.

Fast neidvoll versicherte das Goethe im Juni 1827 *Den Vereinigten Staaten*, denn die von ihm so geschätzte geologische Theorie des Neptunismus, also der Entstehung der Gebirge aus Sedimenten eines Urmeers, hatte sich gegenüber derjenigen von ihrer vulkanischen Entstehung nicht halten lassen, und der Basalt hatte dabei eine entscheidende Rolle gespielt. Nur hatte

Goethe doch wohl insgesamt eine noch ungenaue Vorstellung davon, wie stark auch diese Neue Welt sich Traditionen verbunden fühlte, in denen er ebenfalls stand. Für das Selbstverständnis der jungen Vereinigten Staaten von Amerika nämlich hatte die kollektive Berufung auf die europäische Antike eine herausragende Bedeutung. Als sich 1776 die nordamerikanischen Kolonien von ihrem Mutterland England trennten, lag den Revolutionären – die allesamt eine gediegene europäische Schulbildung erfahren hatten – sehr daran, jeden Eindruck von Anarchie und Gesetzlosigkeit zu vermeiden. Ihr politisches Vorbild fanden die Staatsgründer in den antiken Demokratien, wobei sie sich vor allem in die Nachfolge der römischen Republik stellten. Diese entschiedene Orientierung am antiken Rom wurde bei der Gründung der neuen Hauptstadt Washington besonders deutlich. Das nordamerikanische Parlament fand seinen Ort auf dem «Capitol Hill», in Anlehnung an den Kapitolinischen Hügel, einen der sieben Hügel, auf denen Rom der Legende nach erbaut worden war. Eine Kammer der Volksvertretung wurde ebenfalls nach römischem Vorbild als «Senat» geschaffen. Das Parlamentsgebäude selbst, das als «Weißes Haus» längst in die globale Ikonographie der Politik Eingang gefunden hat, wurde ganz im Stil klassizistischer Architektur errichtet. Fertiggestellt wurde es in seiner heutigen Gestalt indes erst in der Mitte des 19. Jahrhunderts, im Jahr 1864.

Das Selbstverständnis der jungen Vereinigten Staaten, eine bessere Wiedergeburt des antiken Rom zu verkörpern, spiegelt sich auch außerhalb Washingtons vor allem in der Architektur. Der Baustil des sogenannten «Greek Revival» lag im 19. Jahrhundert nicht nur zahlreichen öffentlichen Bauten zugrunde, sondern beeinflußte auch sehr stark die nordamerikanische Landhausarchitektur, die eine unüberschaubare Zahl säulenverzierter Gebäude mit dreieckigen Giebelfeldern hervorgebracht hat.

Eine Schlüsselrolle für die Entwicklung dieser klassizistischen Architektur kam Thomas Jefferson zu, der 1801 zum dritten Präsidenten der Vereinigten Staaten gewählt wurde, nachdem er zuvor die Ämter des Gouverneurs von Virginia, des Außenministers und des Vizepräsidenten der Vereinigten Staaten innegehabt hatte. Jefferson war ein profunder Kenner und Liebhaber der antiken Kultur und verkündete 1787 mit großem Stolz in Paris, die USA seien das einzige Land, dessen Farmer Homer lesen könnten (vgl. Krippendorf). Dieser Bildungsoptimismus mag zwar übertrieben gewesen sein, doch spiegelt sich in Jeffersons Worten das unbedingte Zutrauen in die Kraft des kulturellen Erbes, das die Staatsgründer aus der Alten in die Neue Welt importiert hatten. Jeffersons nachdrückliche Berufung auf die Antike schlägt sich nicht allein in den Bildungsplänen nieder, die er für den Staat Virginia entwarf und nach denen alle Schulkinder sechs Jahre lang Latein und Griechisch lernen sollten. Vor allem zeigte sich Jeffersons Begeisterung für «the Classics» (diese Bezeichnung verwischte die Unterschiede zwischen griechischer und römischer Kultur) in seinen Plänen für die Architektur des öffentlichen Raumes. Erst seit kurzem ist bekannt, wie systematisch sich Jefferson auf einen römischen Theoretiker der Baukunst berief, denn vor allem seine Pläne für die Universitätsgründung in Charlottesville, der Hauptstadt Virginias, entsprechen bis ins Detail den Vorschriften, die Vitruv in seiner Schrift *De architectura* entwickelt hatte (vgl. Bell).

Der Rückgriff auf die antiken Formen, bei denen ihm mehrfach Tempelbauten als Vorbild dienten, verband sich für Thomas Jefferson mit einem klaren Bekenntnis zu den Grundwerten der jungen amerikanischen Demokratie. An den Bauten der Antike faszinierten ihn die Harmonie und die Schlichtheit der Formen, das Fehlen von Pomp und manieristischer Spielerei sowie vor allem der Verzicht auf alle Signale der Einschüchterung durch Monumentalität. Die würdevolle Schlichtheit der klassizistischen Bauten interpretierte Jefferson als angemessenen Ausdruck für die von der nordamerikanischen Verfassung garantierte Gleichheit aller Bürger. In dieser Betrachtung wird Architektur zu einem politischen Bekenntnis; denn ästhetische Formen verwandeln sich in ethische Werte.

Es ist allerdings fraglich, ob diese Zeichensprache der steinernen Säulen von den Baumeistern des 19. Jahrhunderts in jedem

Fall so verstanden wurde, wie Jefferson es beabsichtigt hatte. Schon bald nach seinem Tod integrierte die in ihren Anfängen so schlichte klassizistische Architektur zunehmend Elemente imperialer Machtansprüche, was die monumentale Kuppel des Capitols in Washington sinnfällig demonstriert. Die große Zahl klassizistischer Gebäude in den USA spiegelte das anhaltende Bedürfnis der Bürger des jungen Staates, sich als legitime Nachfolger einer als klassisch verstandenen Vergangenheit zu präsentieren. Nicht anders war es in dem von den amerikanischen Staatsgründern so bewunderten antiken Rom geschehen, als Vergil in seiner *Aeneis* die römische Geschichte unmittelbar mit den Ereignissen des Trojanischen Krieges verknüpfte.

6. Antike und Gegenwart

Die Gegenüberstellung von Antike und Gegenwart wurde öffentliches Streitobjekt unter deutschen Schriftstellern durch Schillers großes Gedicht *Die Götter Griechenlands*, das 1788 in Wielands *Teutschem Merkur* erschien. Der entgötterten Moderne, die sich nur noch philosophisch einen transzendenten Gott denken konnte, stellte Schiller die «schöne Welt» antiker Harmonie von Menschen und Göttern als eine Zeit der Humanität gegenüber: «Da die Götter menschlicher noch waren,/ Waren Menschen göttlicher.» Schillers Verse, die Hölderlins und Novalis' lyrische Darstellung der Antike stark beeinflußten, führten eine Interpretation der antiken Kultur als Urbild einer humanen Gesellschaft fort, die weniger polemisch bereits in Goethes *Iphigenie* zum Ausdruck gekommen war. Das Inhumane, Chaotische und Chthonische, das die Antike in ihrer Mythologie bereitstellte, war dort nur noch als Gefahr an den Grenzen oder als leises, untergründiges Beben spürbar gewesen, während es Schiller dann ganz beiseite setzte. Unterstützt wurde eine solche Interpretation von wissenschaftlicher Seite vor allem durch Karl Philipp Moritz, von dem Goethe in seiner *Italienischen Reise* aus Rom berichtete, er studiere dort «die Antiquitäten» und werde sie «zum Gebrauch der Jugend und zum Gebrauch eines jeden Denkenden vermenschlichen und von allem Büchermoder und Schulstaub reinigen» (18.8.1787). Das Ergebnis von Moritz' Studien war seine *Götterlehre* (1791, 2. Aufl. 1795), die ein wirkungsreiches, weitverbreitetes Buch wurde. «Das Gebildete» habe, so schreibt Moritz darin, bei den Alten immer den Vorzug gehabt, «und die ungeheuren Wesen, welche die Phantasie sich schuf, entstanden nur, um von der in die hohe Menschenbildung eingehüllten Götterkraft besiegt zu werden». Das bezog sich freilich auf die mythologischen Dichtungen, nicht auf die Mythen selbst, die eher einen gegenteiligen Eindruck vermittelten. Denn gerade an das «Grenzenlose, Chaotische, Ungebildete» der Titanen und besonders des Saturnus habe die Phantasie die Vorstellungen von einem Goldenen Zeitalter geheftet, in dem «noch Freiheit und Gleichheit» herrschten, während unter der Alleinherrschaft des Jupiter «auf die armen Sterblichen» wenig Rücksicht genommen worden sei: «sie sind den Göttern oft ein Spiel: ihnen bleibt nichts übrig, als sich der eisernen Notwendigkeit und dem unwandelbaren Schicksal zu fügen, dessen Oberherrschaft sich über Götter und Menschen erstreckt». Letzteres war ein Verweis auf Goethes Prometheus-Ode, die Moritz in seinen Text eingefügt hatte; die ganze Bemerkung aber besaß deutliche politische Untertöne in den Jahren der Französischen Revolution. In seiner Einleitung warnte Moritz jedoch «vor allen voreiligen historischen Ausdeutungen» der mythologischen Dichtungen, denn die Dichtungen im Unterschied zu den Mythen standen für ihn über den Konflikten der Menschen, Titanen und Götter untereinander. Seine Kunstanschauung ist in einem einzigen Satz zusammengefaßt: «Ein wahres Kunstwerk, eine schöne Dichtung ist etwas in sich Fertiges und Vollendetes, das um sein selbst willen da ist und dessen Wert in ihm selber und in dem wohlgeordneten Verhältnis seiner Teile liegt [...]». Harmonie existierte für Moritz also nicht in der Antike selbst, wie noch Schillers Gedicht suggerierte, sondern allein im Kunstwerk und musterhaft eben in den mythologischen Dichtungen der Alten. Seine eigene Schrift, seine *Götterlehre* also, sollte selbst ein solches Kunstwerk sein, das dann auch in dem Streben nach Harmonie die Fülle der mythologischen Überlieferung vereinheitlichte und vielfach vereinfachte.

Die Bedeutung von Moritz' Gedanken liegt darin, daß sie eine Brücke herstellten zwischen der Antike und einer Theorie von den Aufgaben und der Leistungsfähigkeit der Kunst in der Gegenwart. Nicht nur bestanden hier Parallelen zu Kants *Kritik der Urteilskraft* mit ihrer Lehre von der Freiheit des Schönen und vom interesselosen Wohlgefallen an ihm, sondern es wurden in der Forderung nach Autonomie für die Kunst auch Grundlagen geschaffen, auf denen dann Schiller in seinen ästhetischen Schriften mit der Lehre von einem «Staat des schönen Scheins» weiterbauen konnte. Nicht zu vergessen ist freilich, daß Moritz' Deutung der mythologischen Dichtungen als «Sprache der Phantasie» zugleich Anregungen bot für die jüngeren Autoren in ihrer Suche nach einer neuen Mythologie und einer Freisetzung der Phantasie als kreativer Kraft, auch wenn er selbst sich entschieden von einer Vorstellung der Kunst als «Hieroglyphe» für Unbekanntes oder nicht Ausdrückbares distanzierte – womit man denn wieder ins Grenzgebiet des Romantischen geriet.

«Klassizismus» in solch weitem Verständnis war gegen Ende des 18. Jahrhunderts die am stärksten wirksame Tradition für Kunst und Kunsttheorie. Worin auch immer die Gegensätze, Unterschiede oder Nuancen zwischen den einzelnen Richtungen und Ansichten bestanden, so gingen doch alle literaturtheoretischen Standortbestimmungen von der Antike als ihrem archimedischen Punkt aus. Noch in Carl Friedrich von Rumohrs *Geist der Kochkunst* (1823) werden die Unbefangenheit der homerischen Gastmahle oder «Schlachtfeste» und die «englische oder vielmehr homerische Art zu braten» gefeiert, wenngleich er auch den «sehr saftigen und reinschmeckenden Otaheitischen Braten» aus dem Steinofen lobt. Der Bann, den die alten Kulturen auf Europa ausübten, wurde erst dann endgültig gebrochen, als angesichts der modernen Industriestädte und der Fragmentierung menschlicher Existenz darin die Hoffnungen auf eine Einheit von Kunst und Leben ihre letzte Aussicht verloren. Erst dann hatte für die «Götter im Exil» die letzte Stunde geschlagen, und sie mußten «im Ende schmählich zu Grunde» gehen, wie Heine 1853 schrieb.

Nicht zu vergessen ist bei alledem, daß die klassizistische Bewunderung der Antike nicht den weiteren Blick auf den Orient ausschloß, von dem Kraftströme in europäisches Denken und künstlerisches Empfinden übergingen. Wieland sammelte und edierte orientalische Feenmärchen, die er zwischen 1786 und 1789 in drei Bänden unter dem Titel *Dschinnistan, oder Auserlesene Feen- und Geistermärchen* herausgab, und Johann Heinrich Voß übersetzte nicht nur die *Ilias* und die *Odyssee*, sondern auch *Tausend und eine Nacht*, und außer antiken Tempeln gab es im Park zu Wörlitz auch Pyramiden und ein ägyptisches Sphingenportal. Die starke Wirkung, die von Winckelmanns Antike-Interpretation ausging, hat dann jedoch den klassizistischen Neuhumanismus als bürgerliche «Aufstiegsideologie» so stark in den Vordergrund gebracht, daß Voß später selbst *Tausend und eine Nacht* aus dem Kanon des Musterhaften ausschloß (Wieckenberg, S. 141 u. 147).

Verwirrung um den Begriff «Klassizismus» ist dort geblieben, wo Fachdisziplinen einen jeweils eigenen Gebrauch davon gemacht haben, ganz abgesehen vom Gebrauch in anderen Sprachen. Über die Differenzierung besonders im Englischen und Französischen zwischen dem «Klassizismus», der sich speziell auf das Altertum bezog, und einem «neo-classicism» beziehungsweise «néo-classicisme» ist bereits gesprochen worden. In der deutschen Literaturwissenschaft entstand im Laufe des 19. Jahrhunderts mit dem Wort «Klassik» ein Rivale zum «Klassizismus» mit der Tendenz, letzteren Begriff zur Bezeichnung des eher Imitativen, Sekundären, Epigonalen zu degradieren, mit «Klassik» hingegen das eigentlich Schöpferische bedeutender Kunst zu bestimmen. Gemeint war die deutsche Literatur in der zweiten Hälfte des 18. Jahrhunderts, die zwar antike Formen und Stoffe aufgriff, aber in der sich das eigentlich «Klassische» eher in den auf solche Weise vermittelten Inhalten manifestierte, also in allgemeineren Vorstellungen des Schönen, Harmonischen, die Zeiten Überdauernden und für eine Kultur Repräsentativen. Das wird im Zusammenhang mit der «Weimarer Klassik» ausführlicher zu erörtern sein. Dennoch blieben hier die Unterscheidungen lange unklar. Oskar

Walzel zum Beispiel beharrte in seiner weitverbreiteten Darstellung *Deutsche Dichtung von Gottsched bis zur Gegenwart* (1927) innerhalb des von ihm herausgegebenen *Handbuches der Literaturwissenschaft* konsequent auf dem Begriff «Klassizismus» für die deutsche Literatur in der zweiten Hälfte des 18. Jahrhunderts, also für die Zeit ihres Aufstiegs zu nationaler wie internationaler Bedeutung. Andere, so Franz Schultz 1934 in seiner zweibändigen Darstellung von *Klassik und Romantik der Deutschen*, adoptierten das neue Wort und versuchten, beide begrifflich gegeneinander abzusetzen. «Klassizismus», so Schultz, sei «rational erlernbar»: «Er ist nicht Tiefe, Allseitigkeit und problemreiche und reibungsvolle Trächtigkeit eines Weltgefühls und Welterlebnisses, sondern ein glatt aufgehendes Nebenher und ein klar bejahendes Auch.» Klassik, speziell deutsche, hingegen ist das andere, «geboren aus den Gründen schauender Mystik, aus dem Hange nach Ausgleich, Persönlichkeitswert, Erfüllung, Vollendung, Erlösung und Rechtfertigung einerseits und der antikisierend-klassizistischen Gebärdung anderseits». (Bd. 1, S. 126 f.) In pathetischen, nebulösen Worten wird so ein nationaler Mythos im Begriff der Klassik konsolidiert und «Klassizismus» nun wirklich pejorativ instrumentalisiert und polemisch verwendet.

In den Altertumswissenschaften hatte parallel zur Differenzierung in der deutschen Literaturwissenschaft die Unterscheidung zwischen dem «Klassischen» und dem «Klassizistischen» um sich gegriffen. «Klassizismus» sollte am Ausgang eines klassischen Zeitalters in erster Linie den allmählichen Schwund an schöpferischer Kraft in Kunst und Wissenschaft der Griechen bezeichnen, das Epigonale also, das «Hellenistische» im Gegensatz zum Klassischen oder zuweilen in noch größerer Verallgemeinerung das Römische im Gegensatz zum Griechischen, wie es der deutschen Vorliebe für letzteres besonders lag. «Klassizistisch» ist da die «geistige Haltung einer Zeit, die sich am Klassischen erbaut, ohne doch fähig zu sein, es mit vollen Sinnen aufzunehmen», dem die Kraft versagt ist, «die große Form gleich den klassischen Urschöpfungen zu erfüllen mit geheimer Spannung». (Schmidt, S. 95)

Eine neutralere, unbefangenere Perspektive läßt den einzelnen Abschnitten der antiken Kulturgeschichte ihr je eigenes Recht zuteil werden, ohne sie wertend gegeneinander abzusetzen. Statt dessen richtet sich neuere Aufmerksamkeit auf die wechselseitige Abhängigkeit von imitierender Nachahmung und der Etablierung eines Vorbilds: Erst indem bestimmte Werke der Älteren von Jüngeren als vorbildlich angesehen und kopiert werden, werden sie in den Rang von «Klassikern» erhoben. In dieser Betrachtung erscheint die Argumentation gerechtfertigt, daß erst der Klassizismus, also die bewundernde Nachahmung, überhaupt zur Bildung einer Klassik geführt hat – nicht anders, als es sich auch in späteren Epochen beobachten läßt (vgl. Gelzer 1975). Das Wesen der Klassik wird also allein in ihrer Vorbildlichkeit gesehen, weit entfernt von den ästhetischen, anthropologischen und oft auch metaphysischen Werten, die ihm in der deutschen Germanistik beigemessen worden sind.

Insgesamt geht es in dieser Diskussion eher um Stilbegriffe, also typologische Unterscheidungen, während mit der «Klassik» in der deutschen Literaturwissenschaft ein Epochenbegriff entstanden war. Die Schwierigkeiten mit dem Begriff «Klassizismus» münden also letztlich in die allgemeinere Problematik, die sich aus der Bedeutungsvielfalt der Wortfamilie «klassisch» immer wieder ergibt.

V. Deutsche literarische Klassik

1. Genesis eines Begriffes

«Niemand klassifiziert so gern als der Mensch, besonders der deutsche», heißt es in Jean Pauls *Vorschule der Ästhetik* zu Anfang des Abschnitts *Über die griechische oder plastische Dichtkunst*. Das Klassifizieren aber ist das Fundament alles Klassischen, also das Urteilen, Werten und Ordnen. So ist denn im Prozeß solchen Klassifizierens das Jahrzehnt der Zusammenarbeit von Goethe und Schiller um 1800 im Staate Sachsen-Weimar als «Weimarer Klassik» in die deutsche Literaturgeschichte eingegangen. Das Wort «Klassik» aber ist ein deutsches Erzeugnis, das in anderen Sprachen keine Parallelen hat. Natürlich gibt es auch dort vielfältige Vorstellungen von einem «klassischen Zeitalter», einem «classical age», «âge classique», «gouden eeuw», «siglo de oro» und ähnlichem, also von «Blütezeiten» im Bereich von Literatur, bildender Kunst, Architektur und Musik. Nur eben als Substantiv existiert «Klassik» allein im Deutschen, was freilich nicht nur eine Laune der Wortbildung ist. Die Geschichte des Wortes ist verhältnismäßig jung im Vergleich zum jahrtausendealten lateinischen Urwort «classicus». Soweit bisher feststellbar, gebrauchte das Substantiv zum erstenmal der junge Friedrich Schlegel im Jahre 1797 in einem seiner Notizhefte, das freilich erst 1963 veröffentlicht wurde, also auf die Wortgeschichte nicht von Einfluß war. Was Schlegel beschäftigte, war die genauere Bestimmung des Romantischen, das für ihn zunächst einen großen, die abendländische Kultur historisch gliedernden Begriff darstellte als Bezeichnung für das aus dem Mittelalter hervorgewachsene Christliche-Moderne im Gegensatz zum Heidnisch-Antiken. Schlegel war es jedoch nicht nur um ordnende Übersicht über Vergangenes zu tun, nicht nur als Historiker interessierten ihn diese Gegensätze. Was ihn vielmehr bewegte, war eine auf die Zukunft orientierte, gesellschaftlich wirkungsträchtige Kunst für seine Gegenwart, eine Kunst, für die er den Begriff «progressive Universalpoesie» prägte. Sie zielte auf die Ablösung des klassischen Formenkanons, weshalb er denn bei den «Universalisten» – Shakespeare zum Beispiel – die «entgegengesezten Eigenschaften der Classiker» fand und die schulmäßig scharfe Scheidung von Tragödie und Komödie als «Ueberbleibsel oder Annäherung zur Classik» betrachtete. Aber während sich deshalb «absolute Classik» in der Gegenwart des späten 18. Jahrhunderts selbst «annihiliren» mußte, blieb ihre Bedeutung als Schritt und Stufe dennoch bestehen: «Alle Bildung ist Classik, Abstraction. Nur durch diese erhält d[ie] Universalität einen Werth, ja erst dadurch wird sie Universalität.» Denn wie sehr Schlegel auch mit romantischer Poesie etwas grundsätzlich Neues vorschwebte, so war sie doch für ihn, der zwischen 1794 und 1798 brillante Essays über antike Kunst und Literatur verfaßte, nicht denkbar ohne jene intellektuellen und ästhetischen Fundamente, die die «Classik» gelegt und an das christliche Europa weitergereicht hatte: «Ohne Classizität werden progressive Menschen regressiv.» «Classizität» war ihm das Fundament aller Bildung. Das sind Gedanken Schlegels über das Klassische und das Romantische, niedergeschrieben 1797 «auf der Reise nach Berlin, in Weißenfels» (Bd. XVIII, S. 23f.), als er dort seinen Freund Friedrich von Hardenberg besuchte, der sich im Jahre darauf den Dichternamen Novalis gab. Schlegel verwendete «Classik» also als summarische historische Bezeichnung für antike Kultur; daß einmal in der deutschen Literaturgeschichte seine eigene Zeit als «Klassik» bezeichnet und sowohl er als auch Novalis ihr als «Romantiker» gegenübergestellt werden würden, wäre ihm wohl als zutiefst falsch und widersinnig erschienen.

Erst rund vierzig Jahre nach Schlegels Notizen zur Unentbehrlichkeit antiker «Classik» nahm die deutsche Literaturgeschichtsschreibung das Wort «Klassik» für sich in Besitz. In Heinrich Laubes 1839 erschienener *Geschichte der deutschen Literatur* trägt ein Abschnitt den Titel «Uebergang zur Klassik», womit Laube die deutsche Literatur von Hagedorn bis Klopstock und Lessing meinte. Gemeint war der Übergang zu

Goethe, in dem sich deutsche «Klassik» dann verkörperte. Das Wort sollte also die Zeit ins Bewußtsein rufen, in der mit Goethe die deutsche Literatur zu europäischem Rang aufgestiegen war, denn der war ihr vor dem *Werther* und dem *Faust* versagt geblieben. Zunächst war es also allein Literarisches, auf das sich der Begriff bezog, als Rückblick auf etwas, das man aus der Sicht des 19. Jahrhunderts als eine Epoche nationaler Erfüllung und Selbstverwirklichung wenigstens im Künstlerischen und Intellektuellen betrachten zu können glaubte. Denn staatliche Größe hatte das zerfallende Kaiserreich nicht zu bieten. So war das Wort Resultat eines Bedeutungswandels, an dem übrigens Friedrich Schlegel durchaus Anteil hatte. 1797 publizierte er einen Essay über Georg Forster mit dem Untertitel «Fragment einer Karakteristik der deutschen Klassiker». «Jeder klassische Schriftsteller ist ein Wohlthäter seiner Nazion, und hat gerechte Ansprüche auf ein öffentliches Ehrendenkmal», heißt es darin. Schlegel trat damit entschieden der damals verbreiteten Meinung entgegen, die Deutschen besäßen keine klassischen Schriftsteller, und gerade den seiner republikanischen Gesinnung wegen kontrovers rezipierten Essayisten und Reiseschriftsteller Forster suchte er sich für ein solches «Ehrendenkmal» aus. Denn auch auf unmittelbare deutsche Gegenwart sollte sich ja eben das Klassische beziehen können und nicht nur auf antike Vergangenheit: «Die Meisten können sich das *Klassische* gar nicht denken, ohne Meilenumfang, Zentnerschwere und Aeonendauer. [...] Sie könnens nicht begreifen, dass ein Gartenhaus anders gebaut werden müsse, wie ein Tempel» – was für Schlegel letztlich hieß, daß selbst das «Romantische» klassisch sein konnte. Auch seine Weißenfelser Notizen von 1797 hatten das bereits impliziert.

Wörter setzen sich durch, wenn ein Bedürfnis nach ihnen besteht. Mit dem erstarkenden Selbstbewußtsein der europäischen Nationalstaaten hatte tatsächlich ein Vorstellungswandel hinsichtlich von geistigen Traditionen eingesetzt. Wohl bestimmten die Sprachen, die poetologischen Regeln und die literarischen Werke der Antike weiterhin das Kunstverständnis, aber mit der «Querelle des anciens et des modernes» im Frankreich des

17. Jahrhunderts war doch ein entscheidender Wandel hinsichtlich des Fokus aller gegenwärtigen künstlerischen Bestrebungen eingetreten. Darüber ist im Zusammenhang mit dem Klassizismus in Europa bereits berichtet worden. Franzosen und Engländer stellten Listen eigener, zeitgenössischer «Klassiker» auf, und auch bei den Deutschen begann man damit, wenngleich später als in diesen anderen beiden großen europäischen Nationen. Durch solche Begriffsübertragung erhielt zunächst das Wort «Klassiker» eine neue, zusätzliche Bedeutung, die sich Schlegel zunutze machte: Auch Menschen der eigenen Zeit und der eigenen Sprache begann es auszuzeichnen und zu schmücken – gegen den Hintergrund einer Zeit, deren Schulen der Jugend allein die antiken Autoren als Muster für alle Literatur aufnötigten. Nur gab es zunächst durchaus noch keine Übereinkunft über die Träger eines solchen Ehrennamens, was mit dem schwierigen Verhältnis zwischen künstlerischem Rang und populärer Wirkung zu tun hatte. Dies ist ein Problem zu allen Zeiten gewesen und ist es geblieben. Klopstock und Wieland gehörten jedenfalls zu den ersten Namen, die man zu «Klassikern» erhob, aber dann zum Beispiel auch Gellert, Hagedorn oder Thümmel, bis der Stern Goethes alle anderen überstrahlte.

Erst im Laufe des 19. Jahrhunderts entstand dann ein regelrechter Kanon von als musterhaft betrachteten deutschen Autoren und mit ihm der Gedanke von einer explizit klassischen Epoche in der deutschen Literatur, eben einer «Klassik». Das starke Bedürfnis dafür hatte etwas mit jenem Gefühl des Nachzüglertums zu tun, das die Deutschen in ihrer Geschichte bis ins 20. Jahrhundert hinein verhängnisvoll verfolgt hat. Mangelnde staatliche Kohärenz im zerklüfteten Heiligen Römischen Reich hatte politische wie ökonomische Rückständigkeit im Vergleich zu den anderen großen europäischen Staaten, insbesondere zu England und Frankreich, zur Folge. Schwach blieb dieses deutsche Reich dann auch in den Jahren der Heiligen Allianz und auf dem Wege in die industrielle Revolution. Denn der Wiener Kongreß hatte kein neues deutsches Reich hervorgebracht, sondern die wie auch immer reduzierte deutsche Kleinstaaterei restauriert. Aber die Welle patriotischer Begeisterung, die sich im

Gefolge der napoleonischen Kriege erhoben hatte, trug das Verlangen nach klar artikulierter deutscher Identität innerhalb der europäischen Staaten mit sich. Gestützt wurde es nun durch die Erkenntnis, daß seit der Mitte des 18. Jahrhunderts tatsächlich auf dem Boden des alten Reiches eine deutsche literarische, musikalische und philosophische Kultur entstanden war, die den Vergleich mit anderen Nationen nicht zu scheuen brauchte, ja auf sie fördernd wirkte.

Maßstäbe für historische Urteile pflegen sich dennoch nur langsam zu entwickeln. Immerhin konnte zum Beispiel Franz Horn 1819 in seinen *Umrissen zur Geschichte und Kritik der schönen Literatur Deutschlands während der Jahre 1790 bis 1818* glaubhaft behaupten, daß sich seit Klopstock und durch ihn die «Blüthe deutscher Poesie» nach langer Zeit erneut «erhoben» habe und Goethe dann den «Gipfel der deutschen Poesie des achtzehnten Jahrhunderts» (S. 8 f.) darstelle. Zuvor hatte Theodor Heinsius 1811 die letzten fünfzig Jahre deutscher Literatur sogar schon als ein «Zeitalter klassischer Literatur» (zit. nach Becker, S. 354) bezeichnet. Für Horn war allerdings Klopstock noch der «einzige entschieden anerkannte Klassiker» (S. 11), ein Wort, das hier als Synonym für den bedeutenden, mustergültigen Autor gemeint war und nicht schon eine «Klassik» stipulierte, deren Teilhaber dann Klopstock gewesen wäre. Klopstock hatte seine Autorität als «Klassiker» um den Preis der Popularität erworben, ein Schicksal, das er mit Goethe teilte, stand dieser doch ebenfalls «völlig einsam da, denn seine fast vollendete Bildung wurde kaum kalt angestaunt; geliebt sehr selten. Seine graziöse Würde, seine tiefe Ruhe, seine freundliche Heiterkeit, seine geläuterte klare Weltansicht, mit einem Wort, sein vollendetes Künstlersein konnte unmöglich der Mehrheit eines Publikums zusagen» (S. 16), dessen eigentlicher Liebling Wieland war, den Horn indes seiner angeblichen Laszivität wegen nicht mochte. Immerhin hatte Horn mit den Begriffen «Sturm und Drang» und «Empfindsamkeit», die er in seinem Buch benutzte, den Versuch zur Gliederung der literarischen Landschaft des vorausgegangenen Jahrhunderts unternommen. Es waren Begriffe, die dann fest in die Literaturgeschichte eingeschrieben wurden, obwohl die Vorstellung von ihr als historischem Prozeß insgesamt noch nicht existierte. Die mangelnde öffentliche Anerkennung gerade der bedeutendsten Autoren hatte überdies zur Folge, daß Weimar als «Musenhof» und kulturelles Zentrum von Horn selbst noch nicht wahrgenommen wurde, so sehr er neben Goethe auch Herder und Schiller zu würdigen verstand. Zur Entstehung des Bildes von einer «Weimarer Klassik» bedurfte es noch größerer historischer Distanz und stärker motivierter Interessen.

Die Idee einer deutschen «Klassik» stützte sich natürlich auf jene klassizistischen Tendenzen, die seit der Mitte des 18. Jahrhunderts unter deutschen Intellektuellen mit den Studien Winckelmanns zur bildenden Kunst der Antike und mit Klopstocks und Johann Heinrich Voß' Annäherungen an Homer um sich gegriffen hatten. Klassische Stoffe, Themen und Formen übten ihre Anziehungskraft auf Wieland, Lessing, Herder, Moritz, Goethe, Schiller, Jean Paul, Friedrich Schlegel, August Wilhelm Schlegel und Hölderlin aus, um nur die wichtigsten Namen zu nennen; und Johann Heinrich Voß sowie sein Sohn Heinrich hatten zu Anfang des 19. Jahrhunderts in Heidelberg eine ganze Schar geradezu militanter Klassizisten um sich versammelt. Aber dennoch gab es allgemein keine scharf gegeneinander abgesetzten Parteiungen, und die Dominanz klassischer Bildung blieb insgesamt noch auf lange Zeit bestehen. Alte und Junge suchten, wie schon erwähnt, klassische Namen für ihre oft kurzlebigen Zeitschriften. Wo es jedoch um die Verteidigung klassischer Formen gegenüber dem «romantischen» Sonett ging – ein leidenschaftliches Anliegen von Johann Heinrich Voß –, stand beispielsweise Goethe, allem Neuen aufgeschlossen, eher auf der romantischen Seite, ganz abgesehen von seinen generellen Vorbehalten der Unschärfe des Begriffes «klassisch» gegenüber. Als Weimarer Kunstrichter hingegen huldigte er einem strengen Klassizismus und war doch zugleich der Verfasser des *Wilhelm Meister*, eines deutschen Romans, der nach Stoff und Form zutiefst modern und unklassisch war.

Einen weiteren, wesentlichen Schritt auf dem Wege zur Konzeption einer deutschen «Klassik» vollzog dann Hegel mit seinen Berliner *Vorlesungen über die Ästhetik* (1835–1838). Wohl identifizierte er noch prinzipiell das Klassische mit dem Heidnisch-Antiken, aber wenn für ihn Inhalt und Form klassischer Kunst das «Ideal» darstellen sollten, dann handelte es sich bei dieser Kunst doch um «freie Geistigkeit» und etwas letztlich Autonomes, das «*sich selbst Bedeutende* und damit auch *sich selber Deutende*» (S. 449), womit zugleich eine innere Annäherung an Kunstideale vollzogen wurde, wie sie aus dem Boden des deutschen Idealismus hervorwuchsen. Hegel schlug sogar selbst eine Brücke zwischen den Zeiten. In ihrer «Schönheit» erschienen ihm die griechischen Götter «über die eigene Leiblichkeit erhoben», der «Geist [...] ganz in seine Außengestalt versenkt und doch zugleich aus ihr heraus nur in sich versunken». In dieser Beziehung aber brächten, so Hegel, «die griechischen Götter einen Eindruck hervor, bei aller Verschiedenheit ähnlich dem, welchen Goethes Büste von Rauch, als ich sie das erstemal sah, auf mich machte». (S. 521) Schon 1787 hatte Goethe nämlich eine Marmorbüste von sich dem Apollo vom Belvedere nachstilisieren lassen; nun konnte sich der «Klassiker» als Kunstfigur, mit den Segnungen der Philosophie versehen, endgültig auf den Weg zum Olymp machen.

Aus dem Kreis des Jungen Deutschland, das viel Inspiration von Hegel empfangen hatte, trat dann schließlich mit Laubes bereits erwähnter *Geschichte der deutschen Literatur* «Klassik» als historischer Begriff in die deutsche Literaturgeschichte ein. Laube gebraucht zwar das Wort noch nicht für die Literatur nach Lessing, der bei ihm unter der Überschrift «Das Klassisch-Deutsche» erscheint. Aber das neue, kurze Substantiv «Klassik» verdrängte bald das substantivierte Adjektiv, obwohl der Inhalt, der sich mit ihm verband, keineswegs eindeutig bestimmbar war.

Ihre eigentliche Klassizität, also Musterhaftigkeit, erwarb diese deutsche «Klassik» erst richtig dadurch, daß sie auch würdiger Gegenstand des Studiums in den Schulen werden konnte. Schließlich entsteht ja Kanonisches am ehesten auf dem Weg über Lehrbuch und Katheder, also dort, wo die Resultate freier akademischer Beobachtungen, Begriffsbildungen und Klassifizierungen in Vorschriften übersetzt und der jungen Generation auf dem Verordnungswege vermittelt werden. Für den Inhalt des neuen Begriffes waren vor allem die literarhistorischen Schriften von Georg Gottfried Gervinus maßgeblich, obwohl er selbst das Wort «Klassik» nicht gebraucht hat. Für ihn kulminierte die Geschichte der deutschen Literatur jedenfalls im «Zusammenwirken Schiller's und Göthe's»; es sei «das Glänzendste» gewesen, «was die Blüthezeit von Weimar darbieten konnte», wie er 1842 in seinem *Handbuch der Geschichte der poetischen National-Literatur der Deutschen* schreibt. Das schloß Kritik insbesondere an Goethe nicht aus, denn hinsichtlich der Gegenwart war Gervinus der Meinung, daß solche Blüte nun vorüber sei und man sich füglich auf der Höhe dieses Geistes praktischeren Aufgaben zuwenden möge, deren die unvereinte Nation dringender bedürfe. Aus der Literaturgeschichte leitete Gervinus somit den nationalerzieherischen Auftrag ab, «der Nation ihren *gegenwärtigen* Werth begreiflich zu machen», damit der großen Kunst nun auch eine große Nation folge. Diese große Kunst aber hatte für ihn ihren Kulminationspunkt in der Kooperation zwischen Goethe und Schiller bereits erreicht. Solche eher politisch als ästhetisch motivierte Reduktion auf zwei Personen, ein Jahrzehnt und einen Ort prägte dann für lange Zeit die deutschen Vorstellungen von einer eigenen Klassik in der Literaturgeschichte.

Die Abfassung von Literaturgeschichten wurde zur verbreiteten Tätigkeit im Zeitalter historischen Denkens – und «Klassik» ein handlicher Begriff dafür. So trägt zum Beispiel der vierte Teil von Joseph Hillebrands *Die deutsche Nationalliteratur seit dem Anfange des achtzehnten Jahrhunderts, besonders seit Lessing, bis auf die Gegenwart* aus dem Jahre 1845 den Titel «Die nationalliterarische Klassik» und behandelt ausschließlich Goethe und Schiller. Beide werden auf diese Weise, als eine Art Dioskuren, zu den deutschen «Klassikern» schlechthin; 1857 setzte sie der Bildhauer Ernst Rietschel in Über-Lebensgröße Hand in Hand und mit dem Blick nach oben als Denkmal vor das Weimarer Nationaltheater. Zwei Jahre später konsolidierten die Feiern aus Anlaß von Schillers hundertstem Geburtstag noch das Bild von den beiden «Geistesheroen» als Repräsentanten einer deutschen Klassik schlechthin. Sich eine Klassik zu geben, wie sie die Franzosen im 17. Jahrhundert gehabt hatten, war also Teil nationaler Selbstfindung der Deutschen im 19. Jahrhundert und später auch kulturelles Gegengewicht gegen Frankreich, als sich das deutsche Kaiserreich mit ihm anlegte und es als Erbfeind betrachtete. Goethe, so meinte Nietzsche sarkastisch, sei für die meisten Deutschen «Nichts, als eine Fanfare der Eitelkeit, welche man von Zeit zu Zeit über die deutsche Gränze hinüberbläst» (*Menschliches, Allzumenschliches II*, Nr. 125). Aber der Gegensatz von «Klassik und Romantik» war schon vom Wortklang her zu verführerisch, als daß ihm auf die Dauer zu widerstehen gewesen wäre. Eher beiläufig hatte ihn 1887 noch Otto Harnack gebraucht, als er in seinem Buch *Goethe in der Epoche seiner Vollendung* interpretierte: «In dem Helena-Akte des Faust ließ er unter dem Bilde des Euphorion ihn als den genialen Sproß der vermählten Klassik und Romantik hervorgehen.» (S. 152)

Die Konzentration auf Goethe und Schiller kam zweifellos politischem Opportunismus entgegen. Nur muß daneben bedacht werden, daß um die Mitte des 19. Jahrhunderts bedeutende, insbesondere jüngere Autoren, die in der modernen Literaturgeschichte gleichfalls und zu Recht mit der so reichen, produktiven Zeit um 1800 verbunden werden, noch kaum ediert und damit zugänglich, also auch wenig bekannt waren, so daß die Aufmerksamkeit auf Goethe und Schiller um so verständlicher wird. Das gilt vor allem für Hölderlin, Novalis, Friedrich Schlegel, Arnim, Brentano und Kleist. Jean Pauls Romane waren wie die Schriften Wielands weithin vergessen und überdeckt von den Ansätzen zum bürgerlichen Roman, und Tieck wurde eher mit seinen späten Erzählungen aus den dreißiger Jahren identifiziert.

Mit der Entwicklung der Germanistik als wissenschaftlicher Disziplin und Teil einer den Naturwissenschaften entsprechenden Geistesgeschichte erhielt «Klassik» innerhalb ihres geschichtlichen Rahmens nun auch mehr und mehr stiltypologische Züge. Heinrich Wölfflin hatte das Wort aus der Literaturgeschichte in die Kunstgeschichte übertragen und in seinen *Kunstgeschichtlichen Grundbegriffen* von 1912 den «ganzen Verlauf der neueren Kunst» (S. VII) nach den Begriffen «Barock» und «Klassik» geordnet, wenngleich nicht mit der Absicht, sie als sukzessive Epochen zu deklarieren. Wohl aber gab er damit den Anstoß für Literaturhistoriker, seine Definitionen dieser Begriffe nun in die Literaturwissenschaft zurückzuholen und eine diesem Muster entsprechende Dialektik zu entwickeln. Als Antithese zur «Klassik» bot sich dort vor allem «Romantik» an, war diese Gegensätzlichkeit doch schon um 1800 bedacht worden, wenngleich, wie bei Friedrich und August Wilhelm Schlegel, durchaus in einer sehr viel weiteren europäischen Perspektive und nicht als Bezeichnung oppositioneller Parteiungen. Und wo Goethe gelegentlich vom Streit zwischen Klassikern und Romantikern in polemischer Absicht sprach, hat auch er es mit einem sehr viel weiteren als einem nationalliterarischen Blick getan. Davon wird noch zu berichten sein.

Um deutsche «Klassik» deutlicher zu profilieren, mußte jedoch nun in der Literaturgeschichtsschreibung «Romantik» alles absorbieren, was man vom jeweils eigenen Gesichtspunkt nicht unter das Klassische einordnen konnte oder wollte. Aber waren die Brüder Schlegel, Novalis, Tieck, Hölderlin oder Jean Paul wirklich Antipoden der «Klassiker»? Gegensatzpaare wie Humanismus und Christlichkeit, Rationalität und Irrationalität, Form und Unform, Vollendung und Unendlichkeit oder gar Fortschritt und Reaktion wurden zu Charakteristika des scheinbar Gegensätzlichen, und daraus entstanden wiederum ganze dialektisch bewegte Systeme. Ihr Vorteil war es, daß sie zu einer sehr viel differenzierteren Betrachtung einzelner Texte aus gewissen umfassenden, verbindenden Ideen führten. Aber sie trugen zugleich auch die Gefahr des Automatismus der Werturteile in sich. Weniger die Systemgründer als ihre Nachfolger sahen die literarischen Werke nur noch als Illustration und Exemplifikation selbstdefinierter Stil- und Epochenbegriffe an und legten die Literatur ans Gängelband der Philosophie. Werturteile ergaben sich oft allein schon dadurch, daß man der «Klassik» eine «Vorklassik» vorausschickte und Klopstock,

Lessing und Wieland zu deren Repräsentanten degradierte. Daß es Übereinstimmungen und Unterschiede unter Zeitgenossen gibt, ist ein ebensolcher Gemeinplatz wie die Feststellung, daß sich die Jüngeren von den Älteren unterscheiden und auch unterscheiden müssen, wenn sie nicht zu Epigonen verkümmern wollen. Aber nichts ist weiter von der historischen Wahrheit entfernt als die Vorstellung von Parteiideologien in der deutschen Literatur um 1800. Viele Tendenzen und Interessen liefen ineinander oder gegeneinander. Tatsächlich war die Skepsis Herders und Wielands gegenüber Goethe und Schiller oft beträchtlich, aber eben auf dem Boden vieler grundsätzlicher Gemeinsamkeiten. Goethe und Schiller wiederum standen den Werken Jean Pauls oder Hölderlins wirklich fremd gegenüber, während das Interesse insbesondere Goethes an den als Initiatoren romantischer Konzepte geltenden Brüdern Schlegel sowie an Arnim und Brentano groß und nicht ohne Einfluß auf seine eigene weitere Entwicklung war. Wieland förderte bewundernd den um sein Künstlertum ringenden Heinrich von Kleist, Goethe hingegen riet ihm, nicht auf ein Theater zu warten, «welches da kommen soll» (1.2.1808).

Die beiden durchdachtesten und in ihren Analysen ergebnisreichsten Werke, die aus der literaturwissenschaftlichen Konstruktion solcher Dialektik hervorgingen, waren Fritz Strichs *Deutsche Klassik und Romantik, oder Vollendung und Unendlichkeit* (1922) und Hermann August Korffs *Geist der Goethezeit* (1923–1953). Sie waren Produkte der Geistesgeschichte in der Nachfolge Wilhelm Diltheys, angeregt zugleich von Wölfflins kunsthistorischer Typologie; ihre große und langandauernde Wirkung hat im übrigen dazu beigetragen, «Klassizismus» als Bezeichnung für das «klassische Weimar» völlig zu verdrängen. Strichs Charakterisierungen der beiden kontrastierten Tendenzen gingen auf Fundamentales aus, also auf den Unterschied zwischen einem klassischen und einem romantischen «Menschentum» (S. 54). «Klassische Liebe, wie Goethe sie in fast antiker Reinheit hatte», sei eine «Liebe der Erfüllung», der aber das Element der Sehnsucht fehle, die dem Romantischen eigne (S. 50). Der «klassische» Mensch sei entsagend, der andere, «romantische», hingegen auf Unendlichkeit gerichtet. «Klassische Geschlossenheit» (S. 54) stelle sich gegen romantische Offenheit, Form und Regel gegen die «unbedingte, absolute Freiheit eines schöpferischen Geistes» (S. 344). Das alles war mit viel Einfühlungsvermögen in literarische Texte und ohne die Tendenz der Herabsetzung des einen gegen das andere gesagt, wie Strich auch fern von deutsch-nationalistischen Neigungen war. Am Ende seines Buches versucht er sogar, deutsche Klassik und Romantik in Europa zu integrieren, indem er die an deutscher Literatur herausgearbeiteten Gegensätze mit gewissen, als charakteristisch englisch und französisch geltenden Eigenschaften versöhnen möchte. Aber solche Kontrastierungen waren dann doch zu subjektiv, als daß sie historisch belegbar gewesen wären, besonders da sie in Felder führten, die sich mit den Begriffen der Literaturwissenschaft nicht fassen ließen. So lieferten sie eher Material zu Vorurteilen und zur generellen Verführung durch handliche Terminologie und sind dafür auch weidlich ausgenutzt worden.

Korffs Begriff einer «Goethezeit» förderte ebenfalls, wenngleich auf hohem philosophischem Niveau, die Idolisierung des Begriffes «Klassik», wobei aus dem humanitären Ethos der Goetheschen und Schillerschen Kunstprogrammatik eine Art humanistischer Ideologie oder geradezu weltlicher Religion, ein «faustischer Glauben» in einer «faustischen Kultur», wurde. Daß dergleichen die Grenzen literarhistorischer Wissenschaftlichkeit überschritt, ist offenbar, denn Literatur wurde auf solche Weise gerade jenem Bereich entfremdet, in dem sie allein existiert: dem ästhetischen. Ein besonderes Anliegen des «Klassikers» Schiller aber war es immer gewesen, die ästhetische Autonomie des Kunstwerks gegenüber allen Ansprüchen einer zeitlichen Moral und Religion zu verteidigen, und zwar so entschieden, daß die Vorstellung von einer Autonomie der Kunst seitdem zu den Grundideen einer deutschen Klassik gezählt wird.

2. Klassisches Weimar – Weimarer Klassik

Als «klassisches Weimar» gilt in der deutschen Literaturgeschichte gewöhnlich das kulturelle Leben dieser kleinen Residenzstadt von etwa 7000 Einwohnern zur Zeit der Kooperation von Goethe und Schiller, also in den Jahren zwischen 1794 und 1805. Aber läßt sich deutsche literarische Klassik, wenn es sie denn überhaupt gegeben hat, wirklich wie ein antikes Drama nach den drei aristotelischen Einheiten auf einen Ort, eine knapp begrenzte Zeit und einen ebenso eng begrenzten Personenkreis festlegen? Bedenken dagegen hat es stets gegeben, aus Gründen historischer Genauigkeit, aus solchen umfassender Sachkenntnis und selbst aus lokalpatriotischem Interesse. Ein «literarisches Weimar» gab es um 1800 in der Tat, insofern man auch Jena als die Universitätsstadt des kleinen Staates mit einschließt. Ebendieses «literarische Weimar» also war etwas Einmaliges und Außerordentliches in der Geschichte der europäischen Kultur und eine sehr deutsche Gründung dazu: die geistige Hauptstadt einer Nation, der keine politische beschert war. Das jedoch läßt sich kaum unter den vorgegebenen Begriff einer «Klassik» fassen, den die damaligen Zeitgenossen weder kannten noch suchten und der außerdem einer so schmalen Basis, der Kooperation zweier Autoren über eine begrenzte Frist ihres Schaffens, abgewonnen war, so daß er mit universalen, wenn auch nicht immer unproblematischen Begriffen wie «Aufklärung» oder «Romantik» nicht auf die gleiche Stufe gestellt werden kann.

Spricht man vom «klassischen Weimar», so ist das ein akzeptabler Begriff historischer Geographie, der auf Vorwissen über deutsche Literaturgeschichte um 1800 beruht und zugleich Ortskenntnis von klassizistischen Gebäuden wie etwa dem Römischen Haus einschließt, das sich der Herzog Carl August als kleinen klassizistischen Tempel im Park an der Ilm bauen ließ. «Weimarer Klassik» hingegen rechtfertigt sich nicht durch einen realen, sachlich definierbaren Inhalt, sondern allein heuristisch durch taxonomischen Bedarf, am sichtbarsten heutzutage in der institutionalisierten Form einer «Stiftung Weimarer Klassik» an Ort und Stelle. Sie widmet sich im weitesten Sinne der wissenschaftlichen Verwaltung und Förderung des Werkes von Goethe und Schiller als einstigen Weimarer Bürgern, aber bezieht sich darüber hinaus auch nach eigenem Bekunden auf «drei weitere große kulturelle Epochen»: «die Vorklassik (Wieland), die Nachklassik (Liszt) und das Weimar der Jahrhundertwende (Nietzsche)» und macht sich überdies verdient durch bedeutende Werkeditionen, deren Autoren zum Teil in diesen Kategorien überhaupt nicht unterzubringen sind. Auch die Verwaltung der städtischen Kunstsammlungen und Denkmäler obliegt der Stiftung, und herausgegeben wird von ihr schließlich eines der zuverlässigsten und nützlichsten Arbeitsinstrumente für das Studium neuerer deutscher Literatur, die *Internationale Bibliographie zur deutschen Klassik*, die pauschal sämtliche Autoren aus dem Zeitraum von 1750 bis 1850, von Gottsched bis Gutzkow, verzeichnet und damit dem Begriff «Klassik» nur noch eine nominelle Funktion gibt und seiner historischen wie typologischen Definition nicht gerade zu größerer Klarheit verhilft.

So fragil und letztlich subjektiv also die Begriffe «Klassik» und «Weimarer Klassik» sein mögen, es liegt ihnen eine historische Realität im Zeitalter der Französischen Revolution, der Koalitionskriege und der Auflösung des deutschen Reiches zugrunde, für die es ein Bedürfnis zur identifizierenden Benennung gibt, das bisher durch keine präzisere Bezeichnung hat ersetzt werden können. Tatsache ist, daß sich unter der Regentschaft des Herzogs Carl August in der Residenzstadt Weimar und der Universitätsstadt Jena bedeutende Künstler und Intellektuelle versammelt hatten, von denen ein beträchtlicher Einfluß auf die Entwicklung der deutschen und der europäischen Kultur ausging. Als Eckdaten werden häufig der Beginn von Goethes Italienreise 1786 und Schillers Tod 1805 genannt. Solch biographische Begrenzung läßt dann jedoch, wie schon angedeutet, außer acht, daß auch Christoph Martin Wieland und Johann Gottfried Herder die Weimarer Kultur um 1800 prägten und beide als prominente, einflußreiche Bürger an diesem Ort lebten. Außerdem war die Landesuniversität Jena in den gleichen Jahren ein bedeutender Sammelpunkt vorwiegend jüngerer Intellektueller wie Fichte, August Wilhelm und Friedrich Schlegel, Novalis, Schelling und Hölderlin, deren Denken und deren Beziehungen zu Goethe, Schiller, Wieland und Herder komplexer waren, als daß sie sich unter den Gegensatz von «Klassikern» und «Romantikern» fassen ließen. Der Begriff «Weimarer Klassik» bezeichnet also nicht eine historische Epoche, sondern eine Episode in der Schaffensgeschichte einer Gruppe deutscher Schriftsteller um 1800, deren Unterschiede oft groß und deren jeweilige Gemeinsamkeiten auch wiederum nicht programmatischer Natur waren oder sich gar als Ausdruck von Fraktionsgesinnungen verstehen ließen.

Zum Inhalt des Begriffes «Weimarer Klassik» gehören traditionell in der Literaturgeschichte verschiedene Aspekte, die vor allem gebunden sind an die dominierende Gestalt Goethes. An erster Stelle steht dabei seine in den achtziger Jahren zunehmende Neigung zum Klassizismus, zu klassischen Stoffen und Formen. Seit der Mitte des 18. Jahrhunderts schienen das bürgerliche Trauerspiel mit den Werken Lessings und dann die Sturm-und-Drang-Dramatik mit Goethes *Götz von Berlichingen* und den Dramen von Jakob Michael Reinhold Lenz und Friedrich Maximilian Klinger antike Stoffe weitgehend verdrängt zu haben. Mit dem Roman war zudem ein ganz neues, modernes Genre entstanden, für das es klassische Vorbilder überhaupt nicht gab. Dessen Stoff war die Gegenwart, und Goethe hatte mit den *Leiden des jungen Werthers* das über deutsche Grenzen hinaus sensationellste Beispiel dafür geschaffen. Die Arbeit an der *Iphigenie auf Tauris* seit 1779 aber brachte für Goethe die Wendung zum Klassischen im Stoff und, nach seiner Italienreise, auch die Aufnahme antiker Versformen in der Lyrik (*Römische Elegien* 1788–1790; *Venetianische Epigramme* 1790). Was wie eine Rückkehr zu scheinbar Überwundenem aussah, war aber eher der Versuch, mit Hilfe der Verfremdung und Distanz, die der Klassizismus in Stoff und Form bedeutete, deutsche Gegenwart durchsichtiger zu machen ohne die Nötigung, sich an ihre Provinzialität zu binden. Schiller hat dies in seiner Kritik von Goethes *Iphigenie* von 1789 so interpretiert: «In griechischer Form, deren er sich ganz zu bemächtigen gewußt hat, die er bis zur höchsten Verwechslung erreicht hat, entwickelt er hier die ganze schöpferische Kraft seines Geistes und läßt seine Muster in ihrer eignen Manier hinter sich zurück. Man kann dieses Stück nicht lesen, ohne sich von einem gewissen Geiste des Altertums angeweht zu fühlen, der für eine bloße, auch die gelungenste Nachahmung viel zu wahr, viel zu lebendig ist. Man empfindet hier die imponierende große *Ruhe*, die jede Antike» – also jedes Kunstwerk des Altertums – «so unerreichbar macht, die Würde, den schönen Ernst, auch in den höchsten Ausbrüchen der Leidenschaft – dies allein rückt dieses Produkt aus der gegenwärtigen Epoche hinaus.» (Bd. 22, S. 211f.)

Noch war das nicht ohne Vorbehalte gesagt gegenüber manchen «Kunstgriffen», mit denen Goethe nach Schillers Ansicht seine Zwecke zu befördern suchte. Aber mit der persönlichen Annäherung beider in den folgenden Jahren, mit ihrer Arbeitsgemeinschaft wuchs dann die Übereinstimmung. Die Form des antiken Epigramms benutzten beide in den gemeinsam verfaßten *Xenien* (1797) zu einem großen zeit-, kunst- und literaturkritischen Unternehmen. Nach dem Vorbild von Klopstock und Johann Heinrich Voß erzählte Goethe in deutscher Hexameter-Epik von den Wirkungen der Französischen Revolution (*Hermann und Dorothea,* 1797), während sich Schillers stofflicher Klassizismus als provokatives Lob der antiken Mythenwelt in dem Gedicht *Die Götter Griechenlands* (1788) am deutlichsten manifestierte. Wie Goethe die Prosafassung der *Iphigenie* in eine Versfassung umgestaltete, so erfolgte auch bei Schiller nach den Sturm-und-Drang-Jahren der frühen Stücke der Übergang zum Vers im Drama (*Don Carlos,* 1787). Beide allerdings wählten dazu den vor allem durch Shakespeares Werke etablierten und im Deutschen von Lessing in *Nathan der Weise* (1779) durchgesetzten Blankvers. Entscheidend für diesen Formenwandel war die Erkenntnis, daß das bürgerliche Prosa-Trauerspiel unter deutschen Verhältnissen inzwischen zum Rührstück heruntergekommen war, wofür die Popularität von Unterhaltungsautoren wie August Wilhelm Iffland und später August von Kotzebue Zeugnis ablegte.

Verbunden waren Goethe und Schiller seit dem Beginn ihrer

Arbeitsgemeinschaft – und das gehört als zweiter Aspekt zu einer «Weimarer Klassik» – durch den entschiedenen Wunsch, gerade mit Hilfe des verfremdenden und distanzierenden Effekts klassischer Stoffe und Formen als Schriftsteller erzieherisch zu wirken, also Kunst zur Vermittlerin eines humanitären Ethos im gesellschaftlichen Leben zu machen und unter den Bedingungen des politischen Partikularismus das Bewußtsein einer gemeinsamen deutschen Sprache und Kultur zu wecken. So wollten sie durchaus im ursprünglichen Sinne des Wortes «classicus» Verhaltensmuster schaffende, künstlerische wie ethische Normen setzende «Klassiker» sein, obwohl sie sich selbst nie mit diesem Begriff bedacht hätten. Später hat es Goethe in einem Spruch so zusammengefaßt:

Um niemand zu schelten, um niemand zu preisen,
Darf ich euch nur aufs Alte verweisen:
Denn das ist klassisch im echten Sinn,
Was ihr jetzt seid und ich jetzt bin.

Goethes Briefwechsel mit Schiller seit 1794 legt für die gegenseitige Förderung reichlich Zeugnis ab. Motiv für die neuen stofflichen und formalen Interessen war bei ihnen das Gefühl der Nötigung, «unser Jahrhundert zu vergessen, wenn wir nach unsrer Überzeugung arbeiten wollen» (Goethe an Schiller, 25.11.1797). Es ist eine leicht mißverständliche Formulierung, denn Ziel war durchaus, daß diese «Arbeit» auf das «Jahrhundert» zurückwirken sollte. So waren Schillers ästhetische Studien im Anschluß an die Kunstphilosophie Kants (*Über die ästhetische Erziehung des Menschen,* 1795; *Über naive und sentimentalische Dichtung,* 1795/96) von der Absicht bestimmt, der Kunst eine zentrale Rolle bei der Evolution der Gesellschaft zuzuweisen. Aus der «Vereinzelung und getrennten Wirksamkeit unserer Geisteskräfte» sollte mit ihrer Hilfe der «*ganze Mensch* in uns» wiederhergestellt und die verschiedenen «Kräfte der Seele» in «harmonischem Bunde» vereinigt werden (*Über Bürgers Gedichte,* 1791, Bd. 22, S. 245). Aufgabe des Dichters sei es, «den Menschen, der nun einmal nicht mehr nach *Arkadien* zurückkann, bis nach *Elisium* zu führen» (*Über naive und sentimentalische Dichtung*, Bd. 20, S. 473). In solchem Zusammenhang stehen Vorstellungen von ästhetischer Autonomie als Komplement zur intellektuellen Autonomie in der Philosophie der Aufklärung.

Verbannt aus ihrer Heimat, stand Goethes Iphigenie am Ufer von Tauris, voll Sehnsucht nach dem «Land der Griechen», und zahlreiche Deutsche haben es ihr damals nachempfunden, denn die Gestade Griechenlands waren unter türkischer Herrschaft und damit unzugänglich für die meisten von ihnen. Gerade zu diesem fernen Griechenland jedoch hatten die Deutschen eine besondere Affinität. Die Franzosen und Engländer faszinierte eher das Leben im antiken Rom, wie es in einigen der großen Dramen Shakespeares, Racines oder Corneilles auf der Bühne vorgeführt wurde und wie es auch Bezugspunkt für republikanische Realität im neuen, postrevolutionären Frankreich und ebenso in den jungen Vereinigten Staaten von Amerika war. Den Deutschen hatte dafür Winckelmann das Bild eines idealen Griechentums vermittelt, das ihnen Wegweiser werden sollte zu gesellschaftlicher Evolution ohne die Exzesse, die man jenseits des Rheins hatte beobachten müssen. Es waren insbesondere Schillers kunsttheoretische Schriften, die das Gerüst für solche Ziele bereitstellten. Von Kant ausgehend, hatte Schiller im «Antagonismus der Kräfte» von Natur und Vernunft das «große Instrument der Kultur» gesehen und die Kunst als ihre Stütze betrachtet. Sie sollte das Mittel zur Versöhnung beider Kräfte sein. Gemeint war allerdings eine ideale Kunst, durch die der Mensch sich im Spieltrieb «in Freiheit» setzt, denn der Mensch ist «nur da ganz Mensch, wo er spielt». (Bd. 20, S. 359) Hier erlebt er eine Harmonie, die er in der Wirklichkeit verloren hat. Die Erfahrung dieser Harmonie aber nennt Schiller den «ästhetischen Zustand», und ihn zu vermitteln ist das Objekt der ästhetischen Erziehung, von der seine große Abhandlung aus den Jahren 1795/96 spricht: «Es giebt keinen andern Weg, den sinnlichen Menschen vernünftig zu machen, als daß man denselben zuvor ästhetisch macht.» (Bd. 20, S. 383) So utopisch das klingen mochte – als unrealistisch hat es Schiller dennoch nicht betrachtet. Vorauszusetzen war nur, daß Wandlungen und

Evolutionen nur im einzelnen denkbar waren, nicht als Barrikadensturm, der nur zu neuer Unterdrückung führte. Schillers «Staat des schönen Scheins» existierte für ihn «dem Bedürfnis nach [...] in jeder feingestimmten Seele, der That nach möchte man ihn wohl nur, wie die reine Kirche und die reine Republik in einigen wenigen auserlesenen Zirkeln finden» (Bd. 20, S. 412), wie es am Ende der Abhandlung *Über die ästhetische Erziehung des Menschen* heißt. Als Hoffnung, nicht als Utopie war es eine deutsche Lösung. In das Bild des Klassischen aber sind daraus und aus den anderen Schriften Schillers eingegangen jene Qualitäten der Anmut, Harmonie, Idealität, Klarheit, des Maßes, der Ruhe und des Strebens nach Vollkommenheit, die nur eben nicht absolut zu setzen sind, sondern in einem historischen und philosophischen Kontext stehen.

Literaturpolitisch wurde die Verwirklichung solcher Pläne durch die Gründung einer Reihe von Zeitschriften und anderer Periodika versucht. Dazu gehören Wielands *Der Teutsche Merkur* (1773–1789) und *Der neue Teutsche Merkur* (1790–1810) sowie Schillers *Thalia* (1785–1791), *Neue Thalia* (1792/93) und *Die Horen* (1795–1797), in denen er einen Teil seiner kunsttheoretischen Schriften veröffentlichte. Von 1796 bis 1800 gab Schiller außerdem fünf *Musen-Almanache* heraus, von denen derjenige auf das Jahr 1798 als «Balladenalmanach» bekannt geworden ist, da er einen Großteil der Balladenproduktion Goethes und Schillers aus dieser Zeit enthielt. In populärer Form sollten diese Gedichte, unter denen sich so bekannte Stücke wie Schillers *Die Kraniche des Ibykus* und *Der Handschuh* sowie Goethes *Die Braut von Corinth* und *Der Gott und die Bajadere* befinden, gleichfalls erzieherisch wirken und den «Saamen des Idealismus» (Schiller an Goethe, 17.8.1797) verbreiten. Auch Wielands *Attisches Museum* (1796–1803), Herders *Adrastea* (1801–1803) und Goethes *Propyläen* (1798–1800) sowie die von Goethe initiierte und geleitete *Jenaische Allgemeine Literatur-Zeitung* (ab 1804) gehörten zu den Medien der Literaturpolitik im «klassischen Weimar».

Als Direktor des Weimarer Theaters versuchte Goethe, auf die Geschmacksbildung seines Publikums Einfluß zu nehmen, ebenso wie er durch die Erziehung der Schauspieler (*Regeln für Schauspieler,* 1803) Ethos und Ansehen dieses Berufes heben und die Herausbildung einer literarischen Hochsprache über den Dialekten fördern wollte. Seine zunehmende Beschäftigung mit den Naturwissenschaften zielte darauf, «die mannigfaltigen besonderen Erscheinungen des herrlichen Weltgartens auf ein allgemeines einfaches Prinzip zurückzuführen» (*Versuch die Metamorphose der Pflanzen zu erklären,* 1790), also Verschiedenheit, Polarität und Harmonie in einen ideellen Zusammenhang zu bringen und jedes einzelne als Teil eines Ganzen in Zeit und Raum zu betrachten. In der Elegie *Die Metamorphose der Pflanzen* (1798) wird der naturwissenschaftliche Diskurs schließlich zum Liebesgedicht; das in der Natur als Polarität der Geschlechter Getrennte erscheint durch die Liebe verbunden. In solcher Deduktion von Liebe und Harmonie aus den Tatsachen und Gesetzen der Natur bestand die innere Beziehung zu Schillers Vorstellungen von gesellschaftlicher Harmonie mit dem Ziel, «die politisch geteilte Welt unter der Fahne der Wahrheit und Schönheit wieder zu vereinigen» und so «wahre Humanität zu befördern» («Ankündigung» von *Die Horen,* 1794, Bd. 22, S. 106f.). Es waren die Grundlagen, auf denen Goethe dann später seine Ansichten von der Morphologie in der Natur aufbaute, die er in der *Farbenlehre* auf die bündige Formel brachte: «Das Geeinte zu entzweien, das Entzweite zu einigen, ist das Leben der Natur; dies ist die ewige Systole und Diastole, die ewige Synkrisis und Diakrisis, das Ein- und Ausatmen der Welt, in der wir leben, weben und sind.» (§ 739)

In enger gedanklicher Nähe standen dazu die Bestrebungen Herders, von geschichtsphilosophischer Perspektive her Verschiedenheit und Einheit aufeinander zu beziehen und einen humanen Auftrag daraus zu entwickeln (*Ideen zur Philosophie der Geschichte der Menschheit,* 1784–1791, *Briefe zur Beförderung der Humanität,* 1793–1797). Herders praktische Humanität verband einen «geläuterten Patriotismus» mit dem «Gefühl der Billigkeit gegen andere Nationen» und dem Respekt vor dem einzelnen Menschen, wie es in den *Gesinnungen der großen Friedensfrau* im letzten, zehnten Teil der *Briefe* heißt. Das schöne Bild dieser «Friedensfrau» war von dem Kulturanthropologen Herder einer indianischen Mythe entnommen, in der die kriegführenden Männer am Ende eine Nation zur «Frau» erklären, auf deren Rat zu hören sei. Über Wilhelm von Humboldt, der von 1794 bis 1797 in Jena lebte und in enger Beziehung zu Goethe und Schiller stand, haben die Ideen von allseitiger Bildung und einem geschichtsphilosophisch wie naturphilosophisch begründeten Humanismus dann langanhaltenden Einfluß auf die deutschen Vorstellungen von Aufgaben und Idealen der Universität genommen.

Literarische Erfüllung fand die «Weimarer Klassik» schließlich in einer Reihe von Werken, zu denen an erster Stelle Goethes Roman *Wilhelm Meisters Lehrjahre* (1794/95) und die Geschichtsdramen Schillers seit dem *Wallenstein* (1800) gehören. Goethe freilich bedient sich keineswegs einer klassischen Form – der Roman war erst seit der Mitte des 18. Jahrhunderts allmählich zu einer populären Gattung geworden, und wenn Schiller den Romanschriftsteller weiterhin skeptisch den «Halbbruder» des echten Dichters nannte, so war der Roman doch zugleich schon so etwas wie ein Gevatter der Romantik. *Wilhelm Meisters Lehrjahre* als «Bildungsroman» hatten jedenfalls als Lebensgeschichte eines deutschen Bürgers unter den schwierigen Bedingungen seiner Zeit starken Einfluß auf jüngere Schriftsteller wie Jean Paul, Novalis, Tieck, Brentano, Arnim und Eichendorff, allesamt von der Literaturgeschichte eher unter dem Begriff Romantik rubriziert. In den folgenden Jahren führte Goethe im übrigen seine Arbeit am *Faust* (*Der Tragödie erster Teil,* 1808) weiter und schuf mit der episodischen, aber folgenreichen Verbindung des deutschen «romantischen» Helden mit der «klassischen» Schönheit in den Helena-Szenen, die um 1800 entstanden, zugleich ein Sinnbild für die aktuelle deutsche Wiederbegegnung mit der antiken klassischen Kultur im vergangenen Jahrzehnt. Und selbst Mephistopheles, der «christliche» Teufel, muß in die «klassische Walpurgisnacht» sich eingemeinden lassen, wie ihm Homunculus erklärt: «Romantische Gespenster kennt ihr nur allein; / Ein echt Gespenst, auch klassisch hat's zu sein.» (Vs. 6946 f.)

Nicht überall hat sich das Klassische freilich als fruchtbar erwiesen. Goethes Vorliebe für klassizistische Stoffe in der bildenden Kunst, die er mit Preisaufgaben in seiner Zeitschrift *Propyläen* in den Jahren 1798 bis 1800 durchzusetzen versuchte, seine Aufforderung insbesondere, Szenen aus den Werken Homers zu illustrieren, fand eher Widerhall bei sekundären Talenten, während bedeutendere Künstler unter den Jüngeren wie Schadow und Philipp Otto Runge sich davon eingeengt fühlten.

Was nun wirklich klassisch in seiner Zeit und seinem Lande sein konnte, hat Goethe immer wieder beschäftigt. Im April 1795 hatte der Berliner Geistliche Daniel Jenisch einen polemischen Aufsatz veröffentlicht, in dem er die «entschiedenste Dürftigkeit oder vielmehr Armseligkeit der Deutschen an vortreflichen classisch-prosaischen Werken» beklagte. Das rief Goethe auf den Plan, denn Anfang des Jahres war der erste Band von *Wilhelm Meisters Lehrjahren* erschienen, so daß er sich von der Klage Jenischs unmittelbar getroffen fühlen konnte. In einem Aufsatz mit dem Titel *Literarischer Sansculottismus* attackierte er Jenischs Guillotinieren der jungen deutschen Literatur – Robespierre war gerade erst gestürzt, und die Enthauptungsmaschine auf dem Place de la Concorde hatte eben erst ihre Tätigkeit eingestellt. Entschieden protestierte Goethe gegen eine solche Pauschalattacke, und auf die Frage: «Wann und wo entsteht ein klassischer Nationalautor?» gab er die bündige Antwort:

> Wenn er in der Geschichte seiner Nation große Begebenheiten und ihre Folgen in einer glücklichen und bedeutenden Einheit vorfindet; wenn er in den Gesinnungen seiner Landsleute Größe, in ihren Empfindungen Tiefe und in ihren Handlungen Stärke und Konsequenz nicht vermißt; wenn er selbst, vom Nationalgeiste durchdrungen, durch ein einwohnendes Genie sich fähig fühlt, mit dem Vergangnen wie mit dem Gegenwärtigen zu sympathisieren; wenn er seine Nation auf einem hohen Grade der Kultur findet, so daß ihm seine eigene Bildung leicht wird; wenn er viele Materialien gesammelt, vollkommene oder unvollkommene Versuche seiner Vorgänger vor sich sieht und so viel äußere und innere Umstände zusammentreffen, daß

er kein schweres Lehrgeld zu zahlen braucht, daß er in den besten Jahren seines Lebens ein großes Werk zu übersehen, zu ordnen und in einem Sinne auszuführen fähig ist.

Aber ebendies schien den Deutschen nicht gegeben. Auf ihre Art «klassisch» sind die Worte geworden, mit denen Goethe an gleicher Stelle die Lage der deutschen Sprachnation damals beschrieben hat: «Nirgends in Deutschland ist ein Mittelpunkt gesellschaftlicher Lebensbildung, wo sich Schriftsteller zusammenfänden und nach *einer* Art, in *einem* Sinne, jeder in seinem Fache sich ausbilden können.» Verständlich der Zusatz, daß es «der deutschen Nation [...] nicht zum Vorwurf gereichen» dürfe, «daß ihre geographische Lage sie eng zusammenhält, indem ihre politische sie zerstückelt». Kontrovers erscheint die Schlußfolgerung, die seiner eigenen Vorstellung von beständigem Wandel in Natur und dem Leben überhaupt zuwiderläuft und mehr noch allem modernen Kokettieren mit Revolutionärem: «Wir wollen die Umwälzungen nicht wünschen, die in Deutschland klassische Werke vorbereiten können.» Das hat Goethe später manch bitteren, aber gedankenlosen Vorwurf des Konservatismus eingetragen. Doch Jenisch antwortete er stolz: «Der Tag ist angebrochen, und wir werden die Läden nicht wieder zumachen.» Es waren Worte, die beträchtlichen Stolz auf Geleistetes ausdrückten, Stolz darauf, daß sich die Deutschen als Deutsche auf den Weg zu einer ganz eigenen, aber «allgemeinen Nationalkultur» begeben hatten, wie es an gleicher Stelle heißt. Das Problem voller Ambivalenz und voller Widersprüche lag nur eben in der Bestimmung und dem Verständnis dieses ganz Eigenen. Hinsichtlich aller deutschen Klassizität blieb es eine zurückhaltende Antwort, und für den Begriff «Klassik», den er noch nicht kannte, hatte er immerhin schon vorausschauend einen guten Rat bei der Hand: «Wer mit den Worten, deren er sich im Sprechen oder Schreiben bedient, bestimmte Begriffe zu verbinden für eine unerläßliche Pflicht hält, wird die Ausdrücke: *klassischer Autor*, *klassisches Werk* höchst selten gebrauchen.»

Das «klassische Weimar» ist durch die gemeinsame Arbeit Goethes und Schillers, durch Wieland, dem für seine Gedanken über Humanismus und Weltbürgertum die Sphäre des Klassisch-Antiken stets den rechten Stoff bot, und durch Herders geschichtsphilosophische Visionen verdientermaßen zu einer Art nationalem Monument geworden. Weimar war ein Glücksfall, zu dem die kulturellen Neigungen eines jungen deutschen Fürsten ebenso beigetragen haben wie die je eigenen Persönlichkeiten jener Schriftsteller, die er an seinen Hof holte, die mit ihm und untereinander bei allen Gegensätzlichkeiten und manchmal auch entschiedenen Differenzen jenes Quantum gegenseitigen Verständnisses aufzubringen vermochten, das nötig ist, um sich in intellektuellem und künstlerischem Austausch produktiv aufeinander zu beziehen. Geographisch bestimmen läßt es sich nur, wenn zugleich, wie schon angedeutet, die Universitätsstadt Jena mitgedacht wird, an der in diesen Jahren neben Schiller auch Fichte, August Wilhelm Schlegel, Schelling und Hegel tätig waren. Es waren zwei Städte, deren Bevölkerung zusammengenommen heute kaum die einer deutschen Kleinstadt ausmacht. Weimars Rang auf der Stufenleiter deutscher bürgerlicher Sehnsucht hat einmal Jean Paul, der selbst von 1798 bis 1800 Bürger dieser Stadt war, in seiner kleinen philosophisch-religiösen Abhandlung *Das Kampaner Thal* (1797) so bezeichnet: «Anfangs will der Mensch in die nächste Stadt – dann auf die Universität – dann in eine Residenzstadt von Belang – dann (falls er nur 24 Zeilen geschrieben) nach Weimar – und endlich nach Italien oder in den Himmel.» (502. Stazion)

Daß die Weimarer Klassik «Hofklassik», also höfisch-aristokratisch, gewesen sei, wie seit Adorno gern behauptet worden ist, verwischt zunächst die einfache Tatsache, daß die Gedanken, die Ideale, die aus den Werken Goethes, Schillers, Wielands oder Herders sprechen, nicht etwas Existierendes zu verklären versuchten, ja daß man sich durchaus in Opposition (Reed, 1984, S. 46) zum allgemeinen, öffentlichen Publikumsgeschmack, dem Höfischen und Bürgerlichen, empfand, in welchem Verhältnis auch diese beiden zueinander stehen mochten, und im Widerspruch auch zur Popularaufklärung (Stephens, S. 450). Darüber hinaus aber sagt der Verweis auf das «Höfisch-Aristokratische» eigentlich nicht mehr als das Offensichtliche: Der Adel war eine im ausgehenden 18. Jahrhundert auf dem Gebiet des Heiligen Römischen Reiches sozial und ökonomisch tonangebende, aber keineswegs homogene Gesellschaftsschicht. Im siebzehnten seiner *Venetianischen Epigramme* hat Goethe, damals seit rund anderthalb Jahrzehnten Weimarer Bürger, sich selbst einmal ganz ausdrücklich in dieses Spannungsfeld von Region, Reich und Welt hineingestellt:

Klein ist unter den Fürsten Germaniens freilich der meine,
 Kurz und schmal ist sein Land, mäßig nur, was er vermag.
Aber so wende nach innen, so wende nach außen die Kräfte
 Jeder: da wär's ein Fest, Deutscher mit Deutschen zu sein.

Die Geste der Dankbarkeit seinem Fürsten Carl August gegenüber ist berechtigt. Später hat Goethe ihn Eckermann gegenüber «einen der größten Fürsten die Deutschland je besessen» (23.10.1828) genannt. «Was Große selten gewähren, / Neigung, Muße, Vertraun, Felder und Garten und Haus», hat der Dankbare durch ihn erhalten. Wesentlich dabei aber ist die Vorstellung jenes Festes der Deutschen, die dem Lob des einen Fürsten die Aufgabe für alle anderen hinzufügt, dessen Vorbild zu folgen und ihre Tätigkeit kultivierend gleichermaßen nach außen wie nach innen zu richten, also ganz offenbar das im Großen zu tun, was Goethe zunächst als das Glück Weimars betrachtete.

War Weimar die Ausnahme in einer sonst öden Kulturlandschaft? Keines der größeren oder kleineren Länder im Heiligen Römischen Reich hätte in der Tat mit ihm an kultureller Bedeutung und an geistigem Reichtum mithalten können. Aber es wäre auch wiederum ungerecht, wollte man jene kleineren sogenannten Musenhöfe wie Homburg oder Dessau und die Förderung und Inspiration übersehen, die von ihnen ausging. Auch die Frage nach einer vergleichbaren «Berliner Klassik» als Gegenpol zur mitteldeutschen Kulturmetropole ist neuerdings entstanden. In der Architektur der preußischen Hauptstadt trat Klassizismus in jedem Fall prägend hervor. Für die Malerei hatte Goethe freilich auf die Informationen hin, die er von dem Maler Friedrich Bury erhielt, beklagt, dort, in Berlin, scheine eher «der Naturalismus, mit der Wirklichkeits- und Nützlichkeitsforderung, zu Hause zu sein und der prosaische Zeitgeist sich am meisten zu offenbaren» und das «allgemein Menschliche durchs Vaterländische» zu verdrängen (*Flüchtige Übersicht über die Kunst in Deutschland*, 1800).

Mit Bestimmtheit läßt sich sagen: Das «klassische Weimar» war eine kulturelle Realität in den beiden Jahrzehnten um 1800. Eine «Weimarer Klassik» hingegen ist, um es zu wiederholen, heuristisch zu rechtfertigen als ein Hilfsbegriff, der seinen Nutzen darin erweist, daß er kulturhistorische Tatsachen mit gewissen Inhalten verbindet und so Ordnungen zu stiften hilft.

VI. Klassik-Variationen

1. Klassik und Romantik

In den Jahren um 1800 machten sich junge deutsche Intellektuelle wie August Wilhelm Schlegel, Friedrich Schlegel, Novalis und Schelling den Begriff des «Romantischen» zu eigen, unter dem sie zunächst vor allem europäisch-christliche Kultur seit dem Mittelalter verstanden, auch wenn sich Inhalt und Bedeutung dieses Romantischen dann ins Idealistisch-Utopische erweiterten. Das Wort hatte seinen Ursprung in den «Romanzen» der spätmittelalterlichen Ritterbüchern und eroberte dann über die Bezeichnung von Gefühlsqualitäten gewisser Landschaftsmalerei und im Zuge Rousseauscher Naturbegeisterung im 18. Jahrhundert die europäischen Sprachen. Wie auch immer verschieden die einzelnen nationalen Erscheinungsformen dieses Romantischen danach sein mochten – wo das Wort «Romantik» in der Geschichte westlicher Kulturen als Epochenbegriff verstanden wird, findet es seinen Ort in den hundert Jahren zwischen 1750 und 1850, von den freizügigeren und allgemeineren Handhabungen zum Beispiel in der Musikgeschichte einmal abgesehen. Romantik verweist also auf gewisse internationale Gemeinsamkeiten von Denkweisen, Inhalten und Ausdrucksformen. Ebendies jedoch gilt nicht gleichermaßen für den Epochenbegriff eines «klassischen Zeitalters», einer «Klassik». Auch er ist seiner Herkunft und Verwendung nach grenzüberschreitend, aber doch von gänzlich anderer Natur. Weder läßt sich seine Wirkungszeit auf ein Jahrhundert begrenzen, noch gibt es offensichtliche Gemeinsamkeiten des Denkens, Empfindens und künstlerischen Gestaltens, die sich darunter summieren lassen, außer im weitesten Rahmen der Bezug auf die Antike. Seine Internationalität hat andere Ursachen.

Das Bedürfnis, Großes und Exemplarisches im eigenen Hause zu besitzen und es der Welt als ebendas vorzeigen zu können, ist vielen Nationen gemeinsam, und die Auszeichnung einer bestimmten Epoche als ein «klassisches Zeitalter» hatte genau diese Funktion. Wenn dennoch das Substantiv «Klassik» für eine solche bedeutende, einzigartige, künstlerische Maßstäbe setzende Zeit alleiniger Besitz der deutschen Sprache geblieben ist, so ließe sich das womöglich nur als eine Art lexikalischer Zufall betrachten, denn die Sache, die dieses Wort bezeichnen soll, existiert ja eben auch anderswo. Wird dafür dort nicht der gleiche Begriff verwendet, könnte das also allein mit den nicht regulierbaren und dekretierbaren Kräften der Wortbildung einer Nationalsprache zu tun haben. Aber schon kleine Veränderungen bringen oft wesentliche Bedeutungsverschiebungen mit sich. Wenn im modernen Englisch, das kein dem Begriff «Klassik» entsprechendes eigenes Wort kennt, die «Weimarer Klassik» zum «Weimar Classicism» wird, bekommt dieses Wort als Begriff zugleich den immanenten Verweis auf die große Tradition des Klassizismus seit der Renaissance mit auf den Weg. Im Vergleich zum deutschen Terminus «Klassik» erhält es also eine erweiterte Dimension. Darin wiederum wird etwas von der besonderen Funktion sichtbar, die das deutsche Wort zur Zeit seines frühen Gebrauchs besaß. Denn für deutsche nationale Identifikation im 19. Jahrhundert war der Begriff «Klassik» in der Tat besser geeignet als der letztlich stets europäisch und international orientierte Begriff eines «Klassizismus». Ein lexikalischer Zufall war es also wohl nicht nur, der dem deutschen Wort zu seiner Entstehung und späteren Popularität verholfen hat.

In anderen Sprachen als dem Deutschen ist der Begriff einer «Klassik» nie heimisch geworden. Das dürfte ebenfalls nicht nur die Angelegenheit zufälliger Entwicklung sein. Es gibt jedenfalls auf deutsch verfaßte Literaturgeschichten der englischen, französischen, italienischen oder spanischen Literatur, die ohne diesen Begriff auskommen, aber es gibt selbstverständlich auch solche, die ihn benutzen. Solche Unsicherheit verweist zunächst einmal darauf, daß es die Sache selbst, nämlich eine der Weimarer Klassik vergleichbare, zeitlich relativ kompakte und auf einige miteinander kooperierende, womöglich sogar am gleichen

Ort residierende herausragende Autoren beschränkte «Blütezeit», dort nicht gab. Natürlich gab es in allen Kulturen «Blütezeiten» und ebenso Perioden relativen kreativen Stillstands oder gar völliger Unbedeutendheit. Aber weder das elisabethanische England Shakespeares noch das Spanien von Cervantes ließen sich leicht in Analogie zu der deutschen Situation setzen. Selbst für die französische Literaturgeschichte, in der «Klassik» noch am häufigsten gebraucht wird, gilt dies – das kleine Weimar des Herzogs Carl August und das große Paris des «Sonnenkönigs» boten doch sehr verschiedene Entstehungs- und Produktionsbedingungen für alle Kunst.

Als Epochenbegriff hat «Klassik» im Deutschen jedenfalls weiterhin Karriere gemacht und zahlreiche Variationen in seiner Bedeutung und seinem Gebrauch erfahren. Indem in deutscher Kulturgeschichtsschreibung weitere, neue «Klassiken» etabliert und proklamiert wurden, versprach man sich größere begriffliche Präzision und Differenzierung. Das betraf innerhalb der Germanistik zunächst die Literatur des hohen Mittelalters, in der Romanistik dann insbesondere Vorstellungen von einer französischen Klassik und in der Musikgeschichte schließlich die «Wiener Klassik». So nützlich diese Bezeichnungen im einzelnen auch sein mögen – der Begriff «Klassik» ist dadurch noch schwerer faßbar und vieldeutiger geworden. Im folgenden soll nun über einige dieser «Klassik-Variationen» ein Überblick gegeben werden, stets im Bewußtsein, daß es feste, verbindliche Übereinkünfte über den Gebrauch und Inhalt des Wortes als historischen Begriff nicht gibt und daß sie auch nicht herstellbar sind, daß sich also die Bedeutung nur im jeweiligen geschichtlichen Zusammenhang definieren läßt.

2. Mittelhochdeutsche Klassik

Die Altgermanistik übernahm den Begriff «Klassik» sozusagen mit dem Recht des Älteren, denn schließlich hatte mit der Etablierung einer Wissenschaft von deutscher Sprache zu Beginn des 19. Jahrhunderts die Germanistik überhaupt erst begonnen. Dahinter verbarg sich freilich auch ein ideologischer Anspruch:

Die Literatur des hohen Mittelalters ließ sich auf diese Weise als Kunst im ersten deutschen Kaiserreich verstehen, und der Begriff supplementierte also jenes Begehren nach deutscher Kulturrepräsentanz, das die «Weimarer Klassiker» zu Dichterfürsten verklärte. Aber schwerer noch als mit dem Reich Ludwigs XIV. lassen sich Vergleiche anstellen zwischen Weimar und den mittelalterlichen Höfen der Stauferzeit in Zentraleuropa, die die Heimat einer mittelhochdeutschen Klassik waren. Die altgermanistische Fachwissenschaft hat sich den Begriff denn auch nur stellenweise angeeignet. Interessant jedoch ist durchaus der Beleg, den man dort für die Definition des Klassischen anführen kann. Gottfried von Straßburg nämlich unterbricht im *Tristan* seine Erzählung von Tristans Schwertleite mit einem 200 Verse langen Überblick über die zeitgenössische Literatur um 1200, also einem Exkurs über seine Schriftstellerkollegen. Es ist ein Stück mittelalterlicher, bemerkenswert freundlicher Literaturkritik mit dem Ziel, Musterhaftes herauszustellen (vgl. Haug, S. 233 f.). Unter den genannten Dichtern geht Hartmann von Aue voran:

> wie er mit rede figieret
> der âventiure meine!
> wie lûter und wie reine
> sîniu cristallînen wortelîn
> beidiu sint und iemer müezen sîn! (Vs. 626–4630)

Ja, loben wolle er, der Dichter des *Tristan*, wie Hartmann mit seiner Sprache den Sinn seiner Aventiure, seiner Erzählung, gestaltet, wie klar und rein seine kristallenen Worte seien und sein müßten, denn auf ebendies Müssen kommt es an: Ein Vorbild wird gesetzt, ein Muster geschaffen. Nichts anderes als dies aber ist Klassizität. Gottfried betrachtet dann weiterhin noch Heinrich von Veldeke, Reinmar von Hagenau, Bligger von Steinach, Walther von der Vogelweide und einen Ungenannten, hinter dem Wolfram von Eschenbach vermutet worden ist. Er selbst, der Dichter des *Tristan*, gehörte natürlich gleichfalls auf diese Liste der exemplarischen Dichter, aber das zeigte er erst in diesem Werk. Es sind also alles in allem gewichtige Namen in deutscher mittelalterlicher Literatur, Sänger, nicht schon Schriftsteller, die fast gleichzeitig innerhalb eines knappen Zeitraums von zwei oder drei Jahrzehnten tätig waren, so daß sie das Bedürfnis nach kollektiver Erhebung zu einer «Klassik» in Analogie zu ihren späteren Weimarer Kollegen durchaus rechtfertigen mögen. Wenn sich die Fachwissenschaft bei dem Gebrauch dennoch zurückhält, ja ihn zum Teil als anachronistisch zurückweist, so doch wohl ebendieser Analogie halber, die hinsichtlich der Produktionsbedingungen mittelalterlicher Literatur eher falsche Vorstellungen schafft.

Außerdem aber besaß die Rückprojektion des Klassik-Begriffs vom 19. auf das 13. Jahrhundert noch besonders stark jene politischen Konnotationen hinsichtlich der nationalen Verklärung mittelalterlicher Kaiserherrlichkeit, die den Begriff stets belastet haben. Schon Heinrich Heine hat auf die Schwierigkeiten hingedeutet, die deutschen Literarhistorikern bald bevorstanden. «Die Poesie», schrieb er in seiner *Romantischen Schule*, trage «in allen diesen Gedichten des Mittelalters [...] einen bestimmten Charakter, wodurch sie sich von der Poesie der Griechen und Römer unterscheidet. In betreff dieses Unterschieds nennen wir erstere die romantische und letztere die klassische Poesie. Diese Benennungen aber sind nur unsichere Rubriken und führten bisher zu den unerquicklichsten Verwirrnissen.» Was aber die andere Legitimation des Begriffs angeht, nämlich die Verbindung zwischen Antike und Mittelalter, so hat Eichendorff sie in seiner hellsichtigen *Geschichte der poetischen Literatur Deutschlands* recht klar bezeichnet; «die mittelalterliche Poesie» habe «das klassische Altertum» zwar gekannt und «mannigfach benutzt, aber bloß, um es zu christianisieren.»

3. Romanische Klassik

Die ganze Komplexität des Klassik-Begriffs wie des Klassischen überhaupt erweist sich besonders deutlich an der Geschichte der italienischen Literatur. In den Ländern Zentraleuropas war die Aneignung der antiken klassischen Kultur eine Bildungsangelegenheit, sei es nun durch das Latein als Sprache der Kirche und der Gelehrsamkeit oder ästhetisch in den verschiedensten Erscheinungsformen eines Klassizismus seit der Renaissance. In Italien jedoch bestand im Unterschied dazu eine letztlich ungebrochene Tradition. Schließlich lebte man eben in klassischem Lande, sprach eine Sprache, deren Nähe zu der Sprache Vergils oder des Horaz größer war als die zu anderen europäischen Sprachen, und man war umgeben von den mehr oder weniger gut erhaltenen Zeugnissen dieser großen Vergangenheit. Hier hätte man Klassik also geradezu in Permanenz erklären können. Schwieriger war es, historisch zu differenzieren. Ihre erste große Blütezeit hatte die italienische Literatur jedenfalls im «Trecento» des 14. Jahrhunderts mit Dante, Boccaccio und Petrarca, aber die Literaturgeschichte setzt deren Zeitalter nicht wertend und auszeichnend ab gegen das «Cinquecento» mit Ariosto, Machiavelli und Torquato Tasso. Eine ausgesprochen klassizistische Antikerezeption gab es dann noch im 18. Jahrhundert, aber dann schon als ein kulturkritisches Phänomen aus Rousseauschem Geiste. Die Ausgrabungen in Pompeji und Herculaneum in den achtziger und neunziger Jahren inspirierten außer dem wissenschaftlichen Umgang mit der nun fern gewordenen Antike auch noch jene Begeisterung für die italienische nationale Vergangenheit, deren man in der Suche nach eigener nationaler Identität damals dringend bedurfte, war Italien doch bis ins frühe 19. Jahrhundert hinein eher ein geographischer Begriff, während sich Österreicher und Franzosen in den Besitz beträchtlicher Teile des Landes gesetzt hatten. So stellte das Klassisch-Antike also schlechterdings das Eigene dar, auf das man sich der italienischen Nationalität halber bezog, während «Klassik» in Weimar «Weltbürgerlichkeit» meinte. «Arkadien», als das Goethe den europäischen Süden erlebte, war kein leichtes Territorium für eine Klassik.

Weithin gebräuchlich ist im Deutschen der Begriff einer Französischen Klassik geworden, entsprechend den Wörtern «classique» und «classicisme», die im Französischen für Literatur und Kunst des 17. Jahrhunderts üblich sind. Schon Voltaire galt das Zeitalter Ludwigs XIV. als das «große», das «klassische» Jahrhundert; spätere Differenzierung hat die eigentliche «klassische» Zeit auf die Jahre zwischen 1661 und 1685 begrenzt, also auf den zentralen, produktivsten Teil von Ludwigs Regentschaft. Oder aber es wurde, weiter gefaßt, das Ende der Regierungszeit Ludwigs XIII. – er starb 1643 – mit einbezogen, als Pierre Corneille seine auf eine ausgesprochen klassizistische Regelpoetik gegründeten Dramen schrieb. Der Bezug zur antiken Klassik bestand bei der französischen klassischen Tragödie auch stofflich ganz ausdrücklich und unmittelbar. Corneille holte seine Gegenstände zumeist aus der Geschichte Roms, wie Jean Racine sie vorwiegend aus der griechischen Antike bezog. Auch Molières Werk fällt schließlich in diese drei oder vier Jahrzehnte, so daß sie als eine neue Maßstäbe setzende Epoche bedeutender Kunst, ja als erster großer Höhepunkt in der Geschichte der französischen Literatur überhaupt der Weimarer Klassik nicht einmal gänzlich unähnlich waren. Von ihr waren sie aber dann doch durch die Distanz eines ganzen Jahrhunderts getrennt, dem Jahrhundert der Aufklärung, das das europäische Denken zutiefst veränderte. Das bedeutete zugleich beträchtliche Unterschiede in beiden Richtungen, im Verhältnis zur Vergangenheit, nämlich der Antike, und im Verhältnis zur Zukunft, nämlich zu den Idealen einer neuen Literatur.

Die französische Klassik hatte ihre theoretischen Fundamente in der sogenannten klassischen Doktrin, wie sie vor allem Nicolas Boileau in seiner Poetik von 1674 zusammenfaßte. Zu den Prinzipien dieser Doktrin gehörte, daß Kunst einem moralischen Zweck dienen, auf Vernunft beruhen, Nachahmung der – menschlichen – Natur sein und in den Werken «der Alten» ihr unmittelbares Muster finden sollte. Daran schlossen sich dann die Forderungen nach Schicklichkeit, Wahrscheinlichkeit und nach der Beachtung der drei Einheiten im Drama an – Postulate, die zur Zeit, da Goethe die *Iphigenie* schrieb, nicht mehr aktuell waren. Denn inzwischen hatte sich in Frankreich jene schon erwähnte «Querelle» ereignet, in der sich die «Modernen» als Kritiker einer bedingungslosen Antikeverehrung gegen die Traditionalisten des Antik-Klassischen, die «Alten», absetzten, wie sie gerade eben Boileau repräsentierte. In Deutschland war seit dem Anfang des 18. Jahrhunderts Gottscheds Versuch mißlungen, die klassische französische Tragödie als Modell einer neuen deutschen Dramatik vorzuschlagen. Lessing hatte deren Relevanz für jene junge deutsche Dramatik eingeschränkt, die seine eigenen Werke einschloß und mit der ein neues, bürgerliches Drama erst begann. Es war der Anfang einer sehr anders gearteten deutschen «Klassik».

Der Vergleich erweist wiederum die große Offenheit und Relativität des Begriffes «Klassik», demonstriert aber vor allem, daß er von innen her überhaupt nicht zu definieren ist, sondern daß seine Funktion jeweils von den Bedingungen abhängt, unter denen und für die er angewandt wird. Dabei spielen große kulturgeschichtliche Bewegungen eine ebenso wichtige Rolle wie ästhetische oder literaturpolitische Aspekte. Vor allem aber sind es rezeptionsgeschichtliche, denn die Erhebung eines Zeitalters zur Klassik ist ein Akt der Kanonisierung post festum zu den Zwecken und Absichten der Nachwelt. Die betroffenen Autoren selbst waren kaum je daran beteiligt, was für Corneille, Racine und Molière ebenso gilt wie für Goethe und Schiller. Gerade bei dem Begriff einer «französischen Klassik» läßt sich das gut fassen: Aus der Doppelbedeutung des «Klassischen» als historisch auf die Antike Bezüglichen und als Normensetzenden, Mustergültigen stammen die «Klassiker»; ihre Kanonisierung aber schafft ihre Ära in ein Zeitalter neuer Klassizität um.

In der Geschichte der übrigen europäischen Literaturen hat sich «Klassik» als Epochenbegriff nicht durchgesetzt. Kategorische Feststellungen wie «Es gibt keine dänische Klassik» (Jørgensen, S. 461) oder «Eine englische Klassik gibt es nicht» (Lobsien, S. 204) finden sich in einschlägiger Fachliteratur, und eine Darstellung des «Siglo de oro», der Goldenen Zeit spanischer Literatur von der Mitte des 16. bis zum Ende des 17. Jahrhunderts, erhält die Überschrift «Die umstrittene Klassik» (Baasner, S. 212). Solche Unsicherheit ist verständlich, wenn man bedenkt, daß Cervantes dreiundfünfzig Jahre älter war als Calderón; dessen frühe Dramen entstanden erst rund zwanzig Jahre nach Cervantes' Tod. Sowenig das dem spanischen Stolz, eine große Literatur besessen zu haben, abträglich ist und damit der

Berechtigung, überhaupt von einem Goldenen Zeitalter zu sprechen, so sehr fehlen in Spanien doch jene ästhetischen und historischen Gemeinsamkeiten, die die Voraussetzung für die Verwendung des Begriffes unter deutschen und französischen Verhältnissen bildeten. Überdies aber ist das «Siglo de oro» in der spanischen Literaturgeschichte häufig nur der Oberbegriff für eine Großepoche, der die aus der Kunstgeschichte abgeleiteten Begriffe Renaissance und Barock differenzierend untergeordnet sind, was nach den Maßstäben der Nomenklatur deutscher Literaturgeschichte, die zwischen Barock und Klassik entschieden trennt, vollends Verwirrung stiften würde.

4. Wiener Klassik

Wirklich fest etabliert hat sich der Begriff «Klassik» außer in der deutschen und französischen Literaturgeschichte allein in der Musikgeschichte, während für die Kunstgeschichte der «Klassizismus» als Stilbegriff bestimmend geblieben ist, aber nirgends wirklich klar umrissen zu einem Epochenbegriff wurde, denn klassizistische Malerei, Baukunst und Skulptur erstrecken sich als Wiederaufnahme antiker Traditionen, Formen und Gedanken oder als Auseinandersetzung mit ihnen von der Renaissance bis ins 20. Jahrhundert. Gerade in der Musik hat der Begriff «Klassik» aber auch seine allgemeinste Verbreitung gefunden, wenngleich nicht als historischer, sondern als typologischer Begriff. Denn international ist «klassische» Musik zu einer eigenen Kategorie neben «Volksmusik», «Rockmusik» oder, genereller, «Unterhaltungsmusik» geworden. Den Idealen der literarischen «Weimarer Klassik», in der ja der Gedanke der Bildung des einzelnen eine bedeutende Rolle spielte, könnte eine solche Unterscheidung sogar entgegenkommen, wenn klassische Musik als Musik für Gebildete verstanden würde. Nur versuchen Musiker wie Medien gerade dies nach Kräften als ein Vorurteil abzubauen in populären «Klassik»-Programmen.

Der musikgeschichtliche Begriff einer «Wiener Klassik» entstand bereits im Laufe des 19. Jahrhunderts als Analogiebildung zur «Weimarer Klassik». Beschränkt geblieben ist er immer auf

Haydn, Mozart und Beethoven, als Trio in Korrespondenz zu dem Weimarer Duo Goethe und Schiller, das die Literaturhistoriker fest in die Köpfe der stolzen Nation pflanzten. Geht es um die begriffliche Exposition von Mustergültigem, Maßstabsetzendem in der Musik, so ließen sich in der Tat schwerlich gewichtigere Namen nennen als diese drei Komponisten, und zwar nicht nur in ihrer Bedeutung für die deutsche, sondern für westliche Musik überhaupt. Die Dominanz der Musik innerhalb deutscher Kulturgeschichte steht außer Frage; der deutsche Beitrag zur «Weltliteratur», wie Goethe sie sich dachte, hat nie jenen Umfang, jene Intensität und Dauer über die Jahrhunderte hinweg erreicht wie die Musik seit Bach.

Die Frage ist, ob sich daraus das Recht zur Analogiebildung einer musikalischen «Klassik» ableiten ließ oder sie gerade verbot. Tatsächlich lebten alle drei Musiker bis an ihr Lebensende in Wien – Mozart starb fünfunddreißigjährig 1791, Haydn siebenundsiebzigjährig 1809 und Beethoven, der seit 1792 in Wien ansässig war, sechsundfünfzigjährig 1827 –, aber jene fundamentale produktive Gemeinsamkeit, die für Goethe und Schiller um 1800 gilt, läßt sich für sie nicht im gleichen Maße behaupten. Ferdinand Graf von Waldstein und Wartenberg, der damals in Bonn lebte, hatte zwar dem jungen Beethoven bei der Übersiedlung nach Wien mahnend und verheißungsvoll ins Stammbuch geschrieben, was er dort zu erwarten habe: «Durch ununterbrochenen Fleiß erhalten Sie: Mozart's Geist aus Haydens Händen.» Aber so einfach, wohlgeordnet und symbolisch zugleich vollzieht sich die Geschichte schöpferischer Tätigkeit nicht.

Das große Wien als Kaiserstadt war nicht vergleichbar mit dem kleinen Weimar; die soziale Struktur der Adelsschichten in den beiden Städten unterschied sich grundsätzlich, und damit unterschieden sich auch die sozialen und wirtschaftlichen Abhängigkeiten oder Unabhängigkeiten, also die Produktionsbedingungen der Künstler. Dennoch mochte es im 19. Jahrhundert verführerisch sein, analog zur Literatur von einer «Klassik» in der Musik als einer «Wiener Klassik» zu sprechen. Die sekundären Talente in Literatur wie Musik waren in die Vergessenheit abgesunken und andere große noch unentdeckt oder nur mit

Teilen ihres Werkes bekannt. Vom literarischen Weimar wußte man vor allem, daß dessen Glanz etwa zur gleichen Zeit begonnen hatte wie derjenige Wiens in der Musik, nämlich in den achtziger Jahren des 18. Jahrhunderts. Je weniger genau man die jeweilige Situation kennt, desto leichter lassen sich ja ohnehin Sammelbegriffe bilden.

Was dem Begriff einer «Wiener Klassik» in der Musikgeschichte von vornherein fehlt und seinem Wesen nach fehlen muß, ist jene essentielle Bindung an die antike Kultur, die bei aller Originalität und kreativer Phantasie doch in den Werken Wielands, Goethes und Schillers stets präsent blieb. Mythologie, Sprache, Formen, Stoffe machten diese Orientierung allenthalben unübersehbar. Daß Vergleichbares für die Musik nicht galt und nicht gelten konnte, war allein schon eine Angelegenheit der Überlieferung: Literatur überlebt als erzählter, geschriebener und später gedruckter Text, Klänge aus den Zeiten Homers oder Pindars sind nicht überliefert. Allerdings wußte man einiges über die antike Theorie des Rhythmus und über die Musikinstrumente, die zur Verfügung gestanden hatten, und das wiederum bewies, daß einstmals Monodie geherrscht hatte, wo neuere europäische Musik die Polyphonie entwickelte. Lediglich stofflich erschien die Antike in Opern wie Mozarts *Idomeneo* oder *La clemenza di Tito,* aber wollte man etwas von den Winckelmannschen Idealen des Maßes und der «stillen Größe» suchen, so hätte man es musikalisch eher bei Christoph Willibald Gluck oder Johann Adolf Hasse finden können als bei Beethoven (Feder, S. 80). Nach der Verbindung zur antiken Tradition hat man dennoch gern gesucht. So schreibt 1798 Franz Xaver Niemetschek, einer der frühesten Mozart-Biographen, über dessen Klassizität: «Wer hat die tiefgedachten Schönheiten seiner Violin Quartetten und Quintetten nach der häufigsten Wiederholung erschöpft? Dieses ist der wahre Probirstein des klassischen Werthes! die Meisterstücke der Römer und Griechen gefallen bey fortgesetzter Lektüre und je reifer der Geschmack wird, immer mehr und mehr – das nehmliche widerfährt dem Kenner und Nichtkenner bey der Anhörung Mozartischer Musik.» (zit. nach Finscher, Sp. 228 f.)

Grundsätzlicher noch ist hinsichtlich einer Analogie zwischen Weimar und Wien der Unterschied der jeweiligen Ausdrucksmedien. Literatur ist an eine Nationalsprache gebunden, «Weimarer Klassik» also eine Angelegenheit deutscher Literatur, wie stark auch die internationale Ausstrahlungskraft einzelner Werke oder Gedanken geworden sein mag. Im Rahmen europäischer Musik hat Wien nicht eine vergleichbar starke Rolle gespielt, wie sich das von Weimar für die deutsche Literatur sagen läßt. Daß eine von Haydn, Mozart und Beethoven repräsentierte «Wiener Klassik» tiefgreifende Wandlungen in der Musik bedeutete, liegt dennoch auf der Hand. Neue Formen und neues musikalisches Denken bahnten sich an mit der entschiedenen Wendung zu reiner Instrumentalmusik als sozusagen autonomer, «reiner» Musik. Sonate, Streichquartett und Symphonie wurden zu ihren Idealformen, bis dann zu Anfang des 19. Jahrhunderts das Lied als weitere und spezifisch deutsche Form hinzutrat, aus engster Berührung mit der Literatur übrigens, denn gerade Goethes Lyrik bot hier die reichsten Anregungen zur Komposition.

Bis heute sind die Demarkationsdaten für eine «Wiener Klassik» in der Musikwissenschaft unsicher geblieben, sei es, daß man sie auf die Zeit von 1750 bis zu Beethovens Tod 1827 festlegen zu können glaubt oder sie auf die Jahre zwischen 1781 und 1803 (Finscher) beschränken möchte, also auf das reife Werk Haydns und Mozarts und das Frühwerk Beethovens. «Klassizismus» aber, als Begriff für eine auf den Errungenschaften der «Wiener Klassik» aufbauende und sie fortsetzende Kunst, hat sich in der Musikwissenschaft nicht durchgesetzt, auch wenn hin und wieder Mendelssohn, Schumann oder Brahms unter ihn gefaßt werden. Solche Problematik kann jedoch Weiteres zum allgemeinen Verständnis des Begriffes «Klassik» beitragen. Denn ihm wird häufig mit dem Werk des mittleren und späten Beethoven der Begriff des Romantischen entgegengesetzt. Auch «Romantik» läßt sich nicht auf besondere Eigenarten oder einen besonderen Stil festlegen. Aber das Wort deckt inzwischen in der Musikgeschichte recht pauschal die Musik des 19. und frühen 20. Jahrhunderts ab, die Instrumentalmusik Beethovens, die Werke Schuberts, Schumanns, Mendelssohn-Bartholdys, Berlioz' und schließlich auch die von Mahler und Richard Strauss und selbst die *Gurre-Lieder* des jungen Arnold Schönberg. Erst mit dessen Zwölftonmusik wäre dann die musikalische «Romantik» endgültig zu Ende. Das aber steht im flagranten Widerspruch zum Gebrauch des gleichen Wortes in der Literaturwissenschaft, der auf das frühe 19. Jahrhundert beschränkt bleibt. Somit kämen nun zu den terminologischen Klassik-Variationen auch Romantik-Variationen hinzu, bereichernd und verwirrend zugleich. Also lieber gar keine «Klassik»? Ein schönes Charakteristikum der «Wiener Klassik» war deren große Nähe zu dem sozial weitgespannten Publikum einer großen Stadt, und zwar einer von den Komponisten durchaus beabsichtigten Nähe. Der Enthusiasmus zum Beispiel, den 1798 Haydns Oratorium *Die Schöpfung* hervorrief, im hohen und niederen Adel wie im Bürgertum, war immens; das Werk wurde ein europäisches Ereignis. Schillers Ideal von einem «Staat des schönen Scheins», der wie «die reine Kirche und die reine Republik» nur «in einigen wenigen auserlesenen Zirkeln» zu finden war, fand im Wiener Konzertsaal ein populäres, reales Gegenstück. Und wenn Schiller für einen kleinen Kreis von Freunden, auf die antike Form der Oden oder Hymnen rekurrierend, ein Gedicht *An die Freude* schrieb, in dem er im Enthusiasmus der Verbrüderung Millionen zur beglückten Umarmung aufforderte, so setzte Beethoven ebendiese Verse in Musik, die dann von Sängern, großem Chor und Orchester zuerst vor Hunderten und dann tatsächlich vor Millionen erklangen.

VII. In der Zeiten Bildersaal

Für die Geschichte des Wortes «Klassik» gibt es ein klassisch gewordenes Zitat. In Johann Nestroys Posse *Einen Jux will er sich machen* aus dem Jahre 1842 ärgert Melchior, der «vazierende Hausknecht», seinen neuen Herrn, den Gewürzkrämer Zangler, immer wieder dadurch, daß er bei aller und jeder Gelegenheit das Wort «klassisch» im Munde führt. So kommt es zu Dialogen wie diesem:

> ZANGLER. [...] übrigens wann Er brav is -
> MELCHIOR. *Klassisch.*
> ZANGLER. So soll Er ein Kaffee haben.
> MELCHIOR. Versteht sich süß, und zwei Kipfeln. O an dem Ort, wo ich war, das war ein *klassischer* Kaffee.
> ZANGLER. Was hat Er denn immer mit dem dummen Wort *klassisch*?
> MELCHIOR. Ah, das Wort is nit dumm, es wird nur oft dumm angewend't.
> ZANGLER. Ja, das hör' ich, das muß Er ablegen, ich begreif' nicht, wie man in zwei Minuten 50mal dasselbe Wort repetieren kann.
> Melchior. Ja, das ist *klassisch*. (I, 6)

Melchior hat durchaus recht: Wörter sind ebensowenig dumm, wie sie klug sind. Erst der Gebrauch macht sie zu dem einen oder anderen. Die Szene hat ihren historischen Ort, denn Nestroy erlaubt sich hier einen parodistischen Spaß mit jener Bildungsbeflissenheit, die im Laufe des frühen 19. Jahrhunderts breite soziale Schichten durchdrang und so auch das Kleinbürgertum und die Dienstbotenwelt erfaßte. Die Entstehung des Begriffes «Klassik» als Bezeichnung für eine glanzvolle und musterhafte Epoche in der deutschen Literaturgeschichte und später auch in der Musikgeschichte gehört in dieses Umfeld. Dadurch wurde dem Wort «klassisch» nicht nur eine neue Bedeutung hinzugefügt, es geriet auf diese Weise auch als Modewort in die Umgangssprache, wo es ein eigenes Leben entfaltete. Denn der Melchiore gibt es viele und zu allen Zeiten.

Einmal ausgesprochene Worte lassen sich nicht mehr ungesagt machen; man muß sich mit ihnen arrangieren. So vielfältig und oft verwirrend der Gebrauch der Wörter «klassisch» und «Klassik» inzwischen auch geworden sein mag – sie existieren als gern verwendete Bestandteile des deutschen Wortschatzes. Es scheint sogar, als wenn es ein regelrechtes verbreitetes Bedürfnis für sie gäbe, ein Bedürfnis nach Würdigung, ja Kanonisierung gewisser kultureller Werte und Leistungen durch ihre Erhebung in den Rang des Klassischen. Von Bertolt Brecht, der gewiß nicht in dem Ruf steht, Verehrung, Ehrfurcht, Respekt gehegt und gepflegt zu haben, stammt ein Gedicht mit dem Titel *Der Gedanke in den Werken der Klassiker*. «Nackt und ohne Behang, ohne Scham» trete dieser Gedanke vor uns hin, heißt es darin, aber er komme zugleich «mit der Grobheit der Größe», denn «er ist/Seiner Nützlichkeit sicher». Gemeint sind hier allerdings nicht, wie manche arglosen Leser meinen könnten, Goethe und Schiller als Dioskuren einer Weimarer Klassik, sondern Marx und Engels. Für alle, die sich in Brechts Biographie ein wenig auskennen, versteht sich das zwar von selbst, aber es ist nicht dem Wortlaut zu entnehmen, sondern bleibt eine Information, die von außerhalb des Gedichtes hineingetragen werden muß. Zugleich sind diese Verse auch ein Beispiel, das die Funktion der Erhebung von Personen in den Rang eines Klassikers besonders verdeutlicht: Wie mit einem Orden zeichnet man sie damit aus, kanonisiert sie und macht sie nicht nur musterhaft, sondern auch unanfechtbar, authentisch, verehrungswürdig, ja zeitlos gültig. Freilich sind es eben Eigenschaften, die von außen kommen und bei denen die Rezipienten der «klassischen» Gedanken mitwirken müssen. Die «Klassiker» besitzen ihre Klassizität nicht unabhängig von ihrem Publikum; ohne dessen Aufnahmebereitschaft verlöre der Gedanke «schnell seine Kraft und verkäme eilig», wie Brecht hinzufügt. Erhebung und Auszeichnung aber stillen ein tiefes Bedürfnis dieses Publikums; durch beide entsteht Autorität, mit der man sich Ansichten, Gedanken, Überzeugung, eigenen Geschmack schafft und sich deren Richtigkeit bestätigen läßt. Es ist eine Funktion, die das Wort von seinen Anfängen her besessen hat.

«Klassiker» kann es also letztlich immer und überall geben, wo Kandidaten zur Wahl bereitstehen, und wenn etwa ein ausdrücklich so bezeichneter deutscher «Klassiker-Verlag» sich lediglich der deutschen Literatur vom Mittelalter bis ins späte 19. Jahrhundert widmet, so ist solche Beschränkung wohl hauptsächlich durch verlagsrechtliche Gründe aufgenötigt, denn auch Dichter des 20. Jahrhunderts haben sich inzwischen in den Klassiker-Stand erheben lassen, wofür Brecht das beste Beispiel ist, ob er es nun wollte oder nicht. «Klassisch», so hat Martin Walser aus Anlaß der Gründung des besagten Verlags argumentiert, seien für ihn jene Bücher, die «die meisten Leute am längsten brauchen», und die «Brauchbarkeit» sei also für ihn der einzige Maßstab der Klassizität, den er begreife. Nicht verstehen könne er deshalb, «daß man so lange herumdokterte, um etwas an sich Klassisches oder das Klassische an sich definieren zu können». Ob Jean Paul und Hölderlin gleichfalls «Klassiker» seien oder nicht – «Geschenkt! Für diese Fuchserei interessiere sich wer mag. Weimarer Klassik: das ist eine akademische Spezialität, ein Klassiker-Grüppchen zu Klassikern schlechthin zu machen. Dem Sprachgebrauch war das von keinem Professor Strich beizubringen, daß Romantiker keine Klassiker seien. Diese Begriffsapothekerei will uns mit Schubladen plagen.» Denn «was kanonisiert man denn, wenn man eine bestimmte Beschaffenheit eine klassische nennt oder einen bestimmten Wert zum klassischen ernennt? Auch wenn man das nach dem besten Wissen und Gewissen tut, also in nichts als schöner, hilfreicher, pädagogisch wertvoller Absicht, entsteht doch vor allem Autorität. Kirchenväter entstehen so, aber keine Klassiker.» Das ist mit sehr viel antiautoritärem Schwung gesagt, und die besonnene Erweiterung des Begriffes einer Weimarer Klassik, die auch Hölderlin und Jean Paul einschließt, sollte in der Tat akzeptabel sein. Aber es stecken populistische Halbwahrheiten in Walsers Sätzen, denn mit der pauschalen Abdankung genauer Definitionen werden Begriffe leicht zu «dummen» Wörtern.

So wird hier bei Walser jener generelle Unterschied zwischen dem Wertbegriff des Klassischen und der Epochenbezeichnung einer Klassik verwischt, von dem in diesem Buche ausführlich die Rede gewesen ist. «Kanonisierungen» aber nehmen gerade Verlage vor, wenn sie eine subjektive Auswahl von Autoren zu «Klassikern» erheben. Nach solchen «Kanonisierungen», nach Vorschlägen für einen Kanon des Lesens- und Kennenswerten besteht indes zugleich ein großes, verständliches und durchaus legitimes Bestreben in einer breiten Leserschaft, die nach Orientierung in der Fülle des Vorhandenen sucht. Für die unmittelbare Gegenwart haben inzwischen die Bestsellerlisten diese Funktion übernommen. «Schubladen» sind also nicht ein Urbedürfnis der Wissenschaft. Das Ziel, eine Ordnung der Dinge im weiten Bereich des Erkennens und des Erkennbaren zu schaffen, ist zwar ihr Anliegen seit eh und je; aber nur wer wenig weiß, wird sich mit solchen Schubladen und ihren Etikettierungen zufriedengeben. Die «Begriffsapothekerei», über die Walser spottet, ist nicht in erster Linie bei den Fachleuten zu Hause; im Populären hat sie ihre eigentliche Heimat und damit auch in den Schulbüchern, die darauf bedacht sind, leicht Übersichtliches und Memorierbares darzubieten. Die Anstrengungen der Wissenschaft zur begrifflichen Differenzierung hingegen – auch diejenigen von Fritz Strich, selbst wenn wir ihnen heute nicht mehr folgen wollen – dienten und dienen dazu, größere Zusammenhänge im einzelnen zu erkennen. Erst dadurch wird dann den Wörtern Sinn gegeben.

Begriffe jedenfalls sind nicht lästig, entbehrlich und pures akademisches Glasperlenspiel; sie sind Fundament aller Wissenschaft. Ihre sich wandelnden Inhalte darzustellen und dabei das Bewußtsein von ihrer Wandelbarkeit, Komplexität und Problematik aufrechtzuerhalten wird jedoch immer eine schwierige Aufgabe bleiben. Griffig Populäres schließt zumeist Simplifikationen ein, die zu Entstellungen und Legenden führen können. Zugenommen haben deshalb im 20. Jahrhundert Skepsis und die Tendenz zur Dekonstruktion gegenüber den Konstruktionen von Epochen in den Geschichtstheorien des 19. Jahrhunderts. Deutsche literarische Klassik am Ausgang des 18. Jahrhunderts ist ein besonders beliebter Gegenstand dafür geworden, wurde sie doch in deutscher politischer Geschichte häufig genug zu repräsentativen Zwecken in Dienst gestellt, die ihren humanistischen Ideen zuwiderliefen.

Das gilt nicht nur für die Literatur. So spielte etwa die Orientierung an der griechischen Antike im Selbstverständnis des jungen Deutschen Reiches nach 1871 eine gewichtige Rolle, die weit über den Bildungsanspruch des humanistischen Gymnasiums hinausreichte. Die Archäologie wurde zu einem breitgeförderten Staatsanliegen, hoffte man doch, durch spektakuläre Ausgrabungen und sensationelle Fundstücke aus der antiken Welt selbstbewußt den europäischen Kolonialmächten England und Frankreich an die Seite treten zu können, die im Britischen Museum und im Louvre ihre prachtvollen Fundstücke aus der Alten Welt zur Schau stellten. Alexander Conze, Generalsekretär des Kaiserlich Deutschen archäologischen Instituts, formulierte 1902, im Rahmen eines «Winckelmannfestes», in stolzen Worten die Vision von der deutschen Eroberung der Antike: «Erst mit Kaiser und Reich haben wir, Winckelmanns Traum erfüllend, in Olympia [...] eingreifen können. Weit und breit dehnt sich dabei das Feld der Untersuchung, bis an die Grenzen der griechisch-römischen Welt, und diese Grenzen reichen wie nach Asien und Afrika, so bis auf unseren vaterländischen Boden» (zit. nach Wenk, S. 41). Gestalt gewannen diese Träume von der deutschen Inbesitznahme der antiken Welt in den großen, staatlich geförderten Ausgrabungen in Olympia, Priene und Pergamon. In Kleinasien hatte zuvor Heinrich Schliemann, getragen von dem Glauben an die historische Zuverlässigkeit der homerischen Epen, die archaische Welt des zweiten vorchristlichen Jahrtausends wiederentdeckt und mit dem sensationellen Fund der Goldschätze von Troja dem Berliner Museum zu einem eindrucksvollen Beweis der Tüchtigkeit deutscher Archäologie verholfen. Mit dem Fund des Pergamonaltars schließlich erfüllte sich der deutsche Wunsch nach einem monumentalen antiken Präsentationsobjekt; 1902 wurde die Eröffnung des Pergamonmuseums in Berlin zu einem eindrucksvollen Akt nationaler Selbstdarstellung. Allerdings wurde dieses Museum aufgrund seines zu geringen Raumes und wegen baustatischer Mängel wenige Jahre später bereits wieder abgerissen; und der 1909 beschlossene Neubau folgte einem veränderten archäologischen Konzept: Nicht mehr allein einzelne herausragende Fundstücke sollten nun den interessierten Besuchern dargeboten werden, sondern die verschiedenen antiken Epochen sollten in ihrem jeweiligen architektonischen Zusammenhang für sich dargestellt werden. Diese veränderte Museumsplanung spiegelt die zunehmende Bedeutung, die dem Historismus in den verschiedenen Geisteswissenschaften am Ende des 19. Jahrhunderts zukam: Jede einzelne geschichtliche Epoche sollte jetzt zu ihrem Recht kommen, ohne daß einer «klassischen» Zeit der alleinige Vorzug gegeben wurde. Diese Wende vom Klassizismus hin zu einem allgemeineren Historismus spiegelte sich auch in der Archäologie und ihrer öffentlichen Selbstdarstellung: Im neuen Pergamonmuseum wurde nicht allein der große Altar aufgestellt, der, obwohl aus jüngerer Zeit stammend, den Prinzipien der griechischen Architektur des 5. Jahrhunderts folgt, sondern, in einem gesonderten Raum, auch das Markttor von Milet, das wegen seines «unklassischen», orientalischen Stils vielfach als «minderwertig», weil nicht aus der klassischen Zeit stammend, angesehen wurde.

Im Bereiche der Literatur wurden seit seinen Ursprüngen im 19. Jahrhundert der Begriff «Klassik» und das humanitäre Ethos, für das er stehen sollte, vielfach in den Dienst politischer Kulturrepräsentation gestellt. Ihrer «Klassiker» haben sich die Deutschen besonders gern und demonstrativ bedient, wo sich ihre Politik am stärksten von deren tatsächlichem Humanismus unterschied. Das gilt insbesondere für den Mißbrauch, der während des nationalsozialistischen Regimes mit den «Klassikern» getrieben wurde. Aber 1919 war die Wahl Weimars als Ort für die verfassunggebende Nationalversammlung der ersten deutschen Republik zunächst der verantwortungsvolle Versuch, mit der Beschwörung eines «Geistes von Weimar» nach dem verlorenen Krieg dem jungen Staat das Fundament einer humanen Gesinnung zu geben. Nur dauerte es dann eben nicht lange, bis der von den Nationalsozialisten verächtlich «Weimarer System» genannten Republik wieder der «Geist von Potsdam» entgegengestellt wurde; am 21. März 1933 trat der neugewählte Reichstag unter der Kanzlerschaft Hitlers und unter Ausschluß der sozialdemokratischen und kommunistischen Abgeordneten zum erstenmal in der Garnisonskirche von Potsdam zusammen. Hitler, so hieß es bald darauf in einer der zahllosen Huldigungen, sei «nicht nur der Erneuerer echt friderizianischer Staatsführung, er ist auch der Erfüller des politischen Testaments des großen Universalgeistes Goethe», stamme doch aus dem Munde von dessen Faust das «ewige Leitwort des Führerprinzips: ‹Daß ich das größte Werk vollende, genügt ein Geist für tausend Hände.›» (Wulf, S. 385)

Nach den materiellen wie ideellen Verheerungen, die dieses «Führerprinzip» als Ungeist anrichtete, hat es dann manche anderen Versuche gegeben, sich des «Geistes von Weimar» und seiner Klassik erneut zu versichern. Alle Prophetien aber sind fehlgeschlagen. Die Behauptung aus den sechziger Jahren, daß die Zukunft, von der Goethe am Ende seines *Faust* träume, «unsere Gegenwart» sei und erst in der «sozialistischen Menschengemeinschaft» Gestalt gewinne, ist von den Versuchen, sie in die Wirklichkeit umzusetzen, eindeutig widerlegt worden. 1999 schließlich wurde Weimar zur «Kulturstadt Europas» ausgerufen, und so symbolisch auch ein solcher Akt sein mochte, so sehr ist er doch ein Hinweis auf die fortdauernde Lebendigkeit dieser deutschen Klassik. Die andere, ferne klassische Kultur der Antike hat solcher Auffrischungen im Grunde nie bedurft; die Heldinnen und Helden ihrer Epen und Dramen, die Reste ihrer großen Bauwerke, ihre Kunstwerke und ihre Gedanken haben ihre Anziehungskraft über die Jahrtausende hinweg nie verloren. «Klassik» also bedeutet Vergangenes, aber ein Vergangenes, das weiterhin wirkt, indem es interessiert und zu immer neuer Beschäftigung mit ihm herausfordert. Oder, um es den Spruchdichter Goethe sagen zu lassen:

Was in der Zeiten Bildersaal
Jemals ist trefflich gewesen,
Das wird immer einer einmal
Wieder auffrischen, und lesen.

Bibliographie

I. Quellen

Athenaeum. Eine Zeitschrift. Hrsg. von August Wilhelm Schlegel und Friedrich Schlegel. Berlin 1798–1800. Nachdruck Darmstadt 1960.

Brecht, Bertolt: Werke. Große kommentierte Berliner und Frankfurter Ausgabe. Hrsg. von Werner Hecht, Jan Knopf, Werner Mittenzwei, Klaus-Detlef Müller. 30 Bde. Berlin/Weimar/Frankfurt a. M. 1989–2000.

Campe, Joachim Heinrich: Briefe aus Paris zur Zeit der Revolution geschrieben (1790). Nachdruck Hildesheim 1977.

Eichendorff, Joseph von: Werke in 5 Bdn. Hrsg. von Wolfgang Frühwald/Brigitte Schillbach/Hartwig Schultz. Frankfurt a. M. 1985 ff.

Goethe, Johann Wolfgang: Werke. Hrsg. im Auftrage der Großherzogin Sophie von Sachsen. Abt. I–IV. 133 in 143 Bdn. Weimar 1887 ff.

Goethe, Johann Wolfgang: Werke in 14 Bdn. Hamburger Ausgabe. Hrsg. von Erich Trunz. Hamburg 1948 ff./München 1994 ff.

Görres, Joseph: Gesammelte Schriften. Hrsg. im Auftrage der Görres-Gesellschaft von Wilhelm Schellberg. Bd. 3: Geistesgeschichtliche und literarische Schriften I (1803–1808). Hrsg. von Günther Müller. Köln 1926.

Gottfried von Straßburg. Tristan. Nach dem Text von Friedrich Ranke neu hrsg. […] von Rüdiger Krohn. 3 Bde., 6. Aufl., Stuttgart 1993.

Hegel, Georg Wilhelm Friedrich: Vorlesungen über die Ästhetik. Hrsg. von Rüdiger Bubner. 2 Bde., Stuttgart 1971.

Heine, Heinrich: Historisch-kritische Gesamtausgabe der Werke. Hrsg. von Manfred Windfuhr. Hamburg 1973 ff.

Herder, Johann Gottfried: Sämtliche Werke. Hrsg. von B. Suphan. 33 Bde. Berlin 1877–1913. Nachdr. Hildesheim 1967/68.

Holz, Arno/Oskar Jerschke: Traumulus. Tragische Komödie. Dresden 1909.

Jean Paul: Sämtliche Werke. Hrsg. von Norbert Miller und Gustav Lohmann. München 1958 ff.

Moritz, Karl Philipp: Götterlehre oder Mythologische Dichtungen der Alten. Leipzig 1966.

Nestroy, Johann: Komödien. Ausgabe in drei Bänden. Hrsg. von Franz H. Mautner. Frankfurt a. M. 1987.

Nietzsche, Friedrich: Werke. Kritische Gesamtausgabe. Hrsg. von Giorgio Colli und Mazzino Montinari. IV. Abt., 3. Bd., Berlin 1967.

Novalis: Werke. Hrsg. und kommentiert von Gerhard Schulz. 4. Aufl., München 2001.

Schiller, Friedrich: Werke. Nationalausgabe. Begründet von Julius Petersen, fortgeführt von Lieselotte Blumenthal und Benno von Wiese. Hrsg.

im Auftrag der Nationalen Forschungs- und Gedenkstätten der klassischen deutschen Literatur in Weimar und des Schiller-Nationalmuseums in Marbach von Norbert Oellers und Siegfried Seidel. Weimar 1943 ff.

Schlegel, Friedrich: Kritische Friedrich-Schlegel-Ausgabe. Hrsg. von Ernst Behler unter Mitwirkung von Jean-Jacques Anstett und Hans Eichner. Paderborn 1958 ff.; Bd. 18: Philosophische Lehrjahre 1796–1806. München/Paderborn/Wien 1963.

Winckelmann, Johann Joachim: Gedanken über die Nachahmung der griechischen Werke in der Malerei und Bildhauerkunst. Hrsg. von Ludwig Uhlig. Stuttgart 1999.

2. Zur Forschung

Adelung, Johann Christoph: Versuch eines vollständigen grammatisch-kritischen Wörterbuches der Hochdeutschen Mundart mit beständiger Vergleichung der übrigen Mundarten, besonders aber der Oberdeutschen. 5 Bde., Leipzig 1774–1786. 2. Aufl. 4 Bde., 1793–1801.

Adorno, Theodor W.: Zum Klassizismus von Goethes Iphigenie. In: ders.: Schriften, Bd. II. Frankfurt a. M. 1974, S. 495–514.

Albertsen, Leif Ludwig: Klassizismus und Klassik in der Metrik. In: Wilfried Barner/Eberhard Lämmert/Norbert Oellers (Hrsg.): Unser Commercium. Goethes und Schillers Literaturpolitik. Stuttgart 1984, S. 107 ff.

Allen, Christopher: Art in Australia. From Colonization to Postmodernism. London 1997.

Allemann, Beda: Das Klassische. In: Historisches Wörterbuch der Philosophie, Bd. 4. Darmstadt 1976, Sp. 853–856.

Arenhövel, Willmuth/Christa Schreiber (Hrsg.): Berlin und die Antike. Berlin 1979.

Baasner, Frank: Die umstrittene Klassik. Das ‹Siglo de oro› in der spanischen Literaturgeschichtsschreibung des 18. und 19. Jahrhunderts. In: Voßkamp, Wilhelm (Hrsg.): Klassik im Vergleich. Normativität und Historizität europäischer Klassiken. Stuttgart/Weimar 1993, S. 212–231.

Bär, Jochen A.: Sprachreflexion der deutschen Frühromantik. Konzepte zwischen Universalpoesie und Grammatischem Kosmopolitismus. Mit lexikographischem Anhang. Berlin/New York 1999.

Barner, Wilfried/Eberhard Lämmert/Norbert Oellers (Hrsg.): Unser Commercium. Goethes und Schillers Literaturpolitik. Stuttgart 1984.

Bauer, Roger (Hrsg.): Der theatralische Neoklassizismus um 1800. Ein europäisches Phänomen? Bern 1986.

Becker, Eva D.: ‹Klassiker› in der deutschen Literaturgeschichtsschreibung zwischen 1780 und 1860. In: Zur Literatur der Restaurationsepoche 1815–1848. Hrsg. von Jost Hermand und Manfred Windfuhr. Stuttgart 1970, S. 349–370.

Bell, Malcolm III: Vitruv in Virginia. In: Die griechische Klassik. Idee oder Wirklichkeit. Hrsg. von der Antikensammlung Berlin und den Staatlichen Museen Preußischer Kulturbesitz. Mainz 2002, S. 718–722.

Bockholt, Rudolf (Hrsg.): Über das Klassische. Frankfurt a. M. 1987.

Borchmeyer, Dieter: Die Weimarer Klassik. Eine Einführung. 2 Bde. Königstein/Taunus 1980.

Brandt, Wolfgang: Das Wort ‹Klassiker›. Eine lexikologische und lexikographische Untersuchung. Wiesbaden 1976.

Bruford, Walter Horace: Kultur und Gesellschaft im klassischen Weimar 1775–1806. Göttingen 1966.

Burger, Heinz Otto (Hrsg.): Begriffsbestimmung der Klassik und des Klassischen. Darmstadt 1972.

Butler, Eliza Marian: The Tyranny of Greece over Germany. A study of the influence exercised by Greek art and poetry over the great German writers of the eighteenth, nineteenth and twentieth centuries. Cambridge 1935.

Conrady, Karl Otto (Hrsg.): Deutsche Literatur zur Zeit der Klassik. Stuttgart 1977.

Curtius, Ernst Robert: Europäische Literatur und lateinisches Mittelalter. Bern 1954.

Die griechische Klassik. Idee oder Wirklichkeit. Hrsg. von der Antikensammlung Berlin und den Staatlichen Museen Preußischer Kulturbesitz. Mainz 2002.

Doering, Sabine: Die Schwestern des Doktor Faust. Eine Geschichte der weiblichen Faustgestalten. Göttingen 2001.

Dolgner, Dieter: Klassizismus. Leipzig 1991.

Ehrlich, Lothar (Hrsg.): Das Dritte Weimar. Klassik und Kultur im Nationalsozialismus, Köln 1999.

Eliot, Thomas Stearnes: What is a Classic? An address delivered before the Virgil Society on the 16th of October 1944. London o. J. [1944].

Feder, Georg: Characteristic Traits of Viennese Classicism. In: John Hardy/Andrew McCredie (Hrsg.): The Classical Temper in Western Europe. Melbourne [etc.] 1983, S. 76–85.

Finscher, Ludwig: Klassik. In: Die Musik in Geschichte und Gegenwart. Allgemeine Enzyklopädie der Musik. Begründet von Friedrich Blume. Zweite, neubearb. Aufl. hrsg. von Ludwig Finscher. Sachteil, Bd. 5. Kassel [u. a.] 1996, Sp. 224–240.

Frick, Werner: Die mythische Methode. Komparatistische Studien zur Transformation der griechischen Tragödie im Drama der klassischen Moderne. Tübingen 1998.

Fuhrmann, Manfred/Tränkle, Hermann: Wie klassisch ist die klassische Antike? Zürich/Stuttgart 1970.

Fuhrmann, Manfred: Klassik in der Antike. In: Simm, Hans-Joachim (Hrsg.): Literarische Klassik. Frankfurt a. M. 1988, S. 101–119.

Funke, Peter: Athen in klassischer Zeit. München 1999.

Füssel, Stephan: Georg Joachim Göschen. Ein Verleger der Spätaufklärung und der deutschen Klassik. Band 1: Studien zur Verlagsgeschichte und zur Verlegertypologie der Goethe-Zeit. Berlin/New York 1999.

Gadamer, Hans-Georg: Wahrheit und Methode. Grundzüge einer philosophischen Hermeneutik. 3., erweiterte Auflage. Tübingen 1972.

Gelzer, Thomas: Klassik und Klassizismus. In: Gymnasium 82 (1975), S. 147–173.

Gelzer, Thomas: Klassizismus, Attizismus und Asianismus. In: Le Classicisme à Rome aux 1ers siècles avant et après J.-C. Genève 1978, S. 1–55.

Gervinus, Georg Gottfried: Handbuch der Geschichte der poetischen National-Literatur der Deutschen. Leipzig 1842.

Grimm, Jacob und Wilhelm: Deutsches Wörterbuch. Hrsg. von der deutschen Akademie der Wissenschaften zu Berlin. 16 Bde. Leipzig 1854–1971.

Grimm, Reinhold/Jost Hermand (Hrsg.): Die Klassik-Legende. Frankfurt a. M. 1971.

Gutjahr, Ortrud/Harro Segeberg (Hrsg.): Klassik und Anti-Klassik. Goethe und seine Epoche. Würzburg 2000.

Hardy, John/Andrew McCredie (Hrsg.): The Classical Temper in Western Europe. Melbourne [etc.] 1983.

Harnack, Otto: Goethe in der Epoche seiner Vollendung (1805–1832). Versuch einer Darstellung seiner Denkweise und Weltbetrachtung. Leipzig 1887.

Haug, Walter: Mittelhochdeutsche Klassik. In: Hans-Joachim Simm (Hrsg.): Literarische Klassik. Frankfurt a. M. 1988, S. 230–247.

Heinen, Heinz: Geschichte des Hellenismus. München 2003.

Heussler, Alexander: Klassik und Klassizismus in der deutschen Literatur. Studie über zwei literarhistorische Begriffe. Bern 1952. Reprint Nendeln/Lichtenstein 1970.

Hillebrand, Joseph: Die deutsche Nationalliteratur seit dem Anfange des achtzehnten Jahrhunderts, besonders seit Lessing, bis auf die Gegenwart. Zweiter Theil. Hamburg und Gotha 1845.

Hirsch, Erhard: Dessau-Wörlitz. «Zierde und Inbegriff des XVIII. Jahrhunderts». 2. Aufl., München 1988.

Honold, Alexander: Nach Olympia. Hölderlin und die Erfindung der Antike. Berlin 2002.

Horn, Franz: Umrisse zur Geschichte und Kritik der schönen Literatur Deutschlands während der Jahre 1790 bis 1818, Berlin 1819. Nachdr., hrsg. u. mit einer Einf. von E. Keller, Bern 1984.

Jaeger, Werner (Hrsg.): Das Problem des Klassischen und die Antike. Acht Vorträge, gehalten auf der Fachtagung der Klassischen Altertumswissenschaft zu Naumburg 1930. Leipzig 1931, 3. Aufl., Darmstadt 1972.

Jauss, Hans Robert: Deutsche Klassik – eine Pseudo-Epoche? In: Herzog, Reinhart/Reinhart Koselleck (Hrsg.): Epochenschwelle und Epochenbewußtsein, München 1987, S. 581–585.

Jørgensen, Sven-Aage: Klassische Romantik der Dänen. In: Karl Robert Mandelkow (Hrsg.): Europäische Romantik I (Neues Handbuch der Literaturwissenschaft Bd. 14). Wiesbaden 1982, S. 461–488.

Kermode, Frank: The Classic. Literary Images of Permanence and Change. New York 1975.

Korff, Hermann August: Geist der Goethezeit. Versuch einer ideellen Entwicklung der klassisch-romantischen Literaturgeschichte. 5 Bde. Leipzig 1923–1957.

Korff, Hermann August: Faustischer Glaube. Versuch über das Problem humaner Lebenshaltung. Leipzig 1938.

Krippendorf, Eckehard: Klassik-Rezeption als politisches Programm: Die amerikanische Revolution und ihre Architektur – Thomas Jefferson. In: Die griechische Klassik. Idee oder Wirklichkeit. Hrsg. von der Antikensammlung Berlin und den Staatlichen Museen Preußischer Kulturbesitz. Mainz 2002, S. 714–717.

Krummacher, Friedhelm/Rudolf Stephan: Klassizismus. In: Die Musik in Geschichte und Gegenwart. Allgemeine Enzyklopädie der Musik. Begründet von Friedrich Blume. Zweite, neubearb. Aufl. hrsg. von Ludwig Finscher. Sachteil, Bd. 5. Kassel [u. a.] 1996, Sp. 242–256.

Kunze, S.: Klassik. In: Das Neue Lexikon der Musik in vier Bänden. Bd. 2. Stuttgart/Weimar 1996, S. 712–716.

Latacz, Joachim: Einführung in die griechische Tragödie, Göttingen 1993.

Lange, Victor: Das klassische Zeitalter der deutschen Literatur 1740–1815. München 1983.

Lange, Victor: Weimarer Klassik: Epochenbezeichnung oder originäre Denkform? In: Jb. des Freien Deutschen Hochstifts 1988, S. 349–357.

Laube, Heinrich: Geschichte der deutschen Literatur. Bd. 2. Stuttgart 1839.

Lobsien, Eckhard: Die Logik des Couplets. Zur Konstitution des englischen Klassizismus. In: Simm, Hans-Joachim (Hrsg.): Literarische Klassik. Frankfurt a. M. 1988, S. 204–229.

Malsch, Wilfried: Klassizismus, Klassik und Romantik der Goethezeit. In: Deutsche Literatur zur Zeit der Klassik. Hrsg. von Karl Otto Conrady. Stuttgart 1977, S. 381–408.

Mandelkow, Karl Robert: Goethe in Deutschland. Rezeptionsgeschichte eines Klassikers. München 1980.

Mandelkow, Karl Robert (Hrsg.): Europäische Romantik I (Neues Handbuch der Literaturwissenschaft Bd. 14). Wiesbaden 1982.

Markwardt, Bruno: Klassik und Romantik. Berlin 1958 (Geschichte der deutschen Poetik Bd. 3).

Mayer, Hans: Zur deutschen Klassik und Romantik. Pfullingen 1963.

Müller-Seidel, Walter: Die Geschichtlichkeit der deutschen Klassik. Literatur und Denkformen um 1800. Stuttgart 1983.

Nagel, Bert: Staufische Klassik. Deutsche Dichtung um 1200. Heidelberg 1977.

Nies, Fritz/Karlheinz Stierle (Hrsg.): Französische Klassik. Theorie, Literatur, Malerei. München 1985.
Pfotenhauer, Helmut/Peter Sprengel (Hrsg.): Klassik und Klassizismus. Von der klassischen Kunsttheorie zur Moderne. Von den Anfängen bis zum Ausgang der Romantik, Bibliothek der Kunstliteratur Bd. 3. Frankfurt a. M. 1995.
Reed, Terence James: Die klassische Mitte. Goethe und Weimar 1775–1832. Stuttgart 1982.
Reed, Terence James: Ecclesia militans. Weimarer Klassik als Opposition. In: Barner, Wilfried/Eberhard Lämmert/Norbert Oellers (Hrsg.): Unser Commercium. Goethes und Schillers Literaturpolitik. Stuttgart 1984, S. 37–53.
Richter, Karl/Schönert, Jörg (Hrsg.): Klassik und Moderne. Die Weimarer Klassik als historisches Ereignis und Herausforderung im kulturgeschichtlichen Prozeß. Stuttgart 1963.
Riedel, Volker: Antikerezeption in der deutschen Literatur vom Renaissance-Humanismus bis zur Gegenwart. Eine Einführung. Stuttgart 2000.
Rosenberg, Rainer: Klassiker. In: Fricke, Harald et. al. (Hrsg.): Reallexikon der deutschen Literaturwissenschaft. Bd. 2. Berlin/New York 2000, S. 274–276.
Sauder, Gerhard: Ästhetische Autonomie als Norm der Weimarer Klassik. In: Normen und Werte. Hrsg. von Friedrich Hiller. Heidelberg 1982, S. 130–150.
Schmalzriedt, Egidius: Inhumane Klassik. Vorlesung wider ein Bildungsklischee. München 1971.
Schmidt, Eduard: Klassizismus und Klassik in der antiken Kunst. In: Jaeger, Werner (Hrsg.): Das Problem des Klassischen und die Antike. Acht Vorträge, gehalten auf der Fachtagung der Klassischen Altertumswissenschaft zu Naumburg 1930. Leipzig 1931, 3. Aufl. Darmstadt 1972, S. 90–98.
Schultz, Franz: Klassik und Romantik der Deutschen. 2 Bde. 3. Aufl. Stuttgart 1959 (1. Aufl. 1934).
Schulz, Gerhard: Die deutsche Literatur zwischen Französischer Revolution und Restauration. 1. Teil: Das Zeitalter der Französischen Revolution 1789–1806. München 1983, 2. Aufl. 2000.
Schulz, Gerhard: Exotik der Gefühle. Goethe und seine Deutschen, München 1998.
Schulz, Gerhard: Klassik 2. In: Fricke, Harald et. al. (Hrsg.): Reallexikon der deutschen Literaturwissenschaft. Bd. 2. Berlin/New York 2000, S. 270–274.
Schulz, Gerhard: Romantik. Geschichte und Begriff. 2., durchges. Aufl. München 2002.
Schulz-Buschhaus, Ulrich: Klassik zwischen Kanon und Typologie. Probleme um einen Zentralbegriff der Literaturwissenschaft. In: Arcadia 29 (1994), S. 67–77.

Schuster, Gerhard/Caroline Gille (Hrsg.): Wiederholte Spiegelungen. Weimarer Klassik 1759–1732. 2 Bde. München 1999.
Sengle, Friedrich: Die klassische Kultur von Weimar, sozialgeschichtlich gesehen. In: Internationales Archiv zur Sozialgeschichte der Literatur 3 (1978), S. 68–86.
Simm, Hans-Joachim (Hrsg.): Literarische Klassik. Frankfurt a. M. 1988.
Stenzel, Hartmut: Die französische ‹Klassik›. Literarische Modernisierung und absolutistischer Staat. Darmstadt 1995.
Stephens, Anthony: «Fällt aber der Aufgeklärte ...». Überlegungen zur deutschen Aufklärung und zur Weimarer Klassik. In: Jb. der deutschen Schillergesellschaft 36 (1992), S. 447–454.
Strich, Fritz: Klassik und Romantik oder Vollendung und Unendlichkeit. Bern 1921, 4. Aufl. 1949.
Theile, Gert: Mythos Weimar. Von der Kunst-Stadt zum Globalen Dorf. In: Weimarer Beiträge 45 (1999), S. 165–179.
Thomé, Horst: Klassik 1. In: Fricke, Harald et. al. (Hrsg.): Reallexikon der deutschen Literaturwissenschaft. Bd. 2 Berlin/New York 2000, S. 266–270.
Thomé, Horst: Klassizismus. In: Fricke, Harald et. al. (Hrsg.): Reallexikon der deutschen Literaturwissenschaft. Bd. 2 Berlin/New York 2000, S. 276–278.
Turk, Horst: Das ‹Klassische Zeitalter›. Zur geschichtsphilosophischen Begründung der Weimarer Klassik. In: LiLi, Beiheft 10 (1979), S. 5–20.
Ueding, Gert: Klassik und Romantik. Deutsche Literatur im Zeitalter der Französischen Revolution 1789–1815. München 1987.
Voßkamp, Wilhelm (Hrsg.): Klassisch/Klassik/Klassizismus. In: Ästhetische Grundbegriffe. Historisches Wörterbuch in sieben Bden. Hrsg. von Karlheinz Barck [u. a]. Bd. 3. Stuttgart/Weimar 2001, S. 289–305.
Voßkamp, Wilhelm (Hrsg.): Klassik im Vergleich. Normativität und Historizität europäischer Klassiken. Stuttgart/Weimar 1993.
Walser, Martin: Was ist ein Klassiker? In: Gottfried Honnefelder (Hrsg.): Warum Klassiker? Ein Almanach zur Eröffnung der Bibliothek deutscher Klassiker. Frankfurt a. M. 1985, S. 4 f.
Walzel, Oskar: Deutsche Dichtung von Gottsched bis zur Gegenwart. 2 Bde. Wildpark-Potsdam 1927–1930.
Weitmann, Pascal: Die Problematik des Klassischen als Norm und Stilbegriff. In: Antike und Abendland 35 (1989), S. 150–186.
Wellek, René: Das Wort und der Begriff ‹Klassizismus› in der Literaturgeschichte. In: ders., Grenzziehungen. Beiträge zur Literaturkritik. Stuttgart 1972, S. 44–63.
Wenk, Silke: Die Arbeit eines deutschen Archäologen an der Modernisierung des antiken Ideals. Theodor Wiegand und die Funktion der Antike vom Kaiserreich bis zum deutschen Faschismus. In: Auf den Spuren der Antike. Theodor Wiegand, ein deutscher Archäologe. Hrsg. von der Stadtverwaltung Bendorf/Rhein 1985, S. 41–56.

Werner, Hans-Georg: Literarische ‹Klassik› in Deutschland. Thesen zum Gebrauch eines Terminus. In: Jb. des Freien deutschen Hochstifts 1988, S. 358–366.

Wieckenberg, Ernst-Peter: Johann Heinrich Voß und «Tausend und eine Nacht». Würzburg 2002.

Windfuhr, Manfred: Kritik des Klassikbegriffs. In: Etudes Germaniques 29 (1974), S. 302–318.

Wittkowski, Wolfgang (Hrsg.): Verlorene Klassik. Ein Symposium. Tübingen 1986.

Wolf, Norbert: Klassizismus und Romantik. Stuttgart 2002 (Kunst-Epochen, Bd. 9).

Wölfflin, Heinrich: Kunstgeschichtliche Grundbegriffe. Das Problem der Stilentwicklung in der neueren Kunst. 10. Aufl., Basel 1948.

Wulf, Joseph: Literatur und Dichtung im Dritten Reich. Eine Dokumentation. Reinbek 1966.

Zabka, Thomas: Klassik/Klassisches. In: Goethe-Handbuch. Bd. 4/1. Hrsg. von Hans-Dietrich Dahnke und Regine Otto. Stuttgart/Weimar 1998, S. 603–606.

Zeller, Bernhard (Hrsg.): Klassiker in finsteren Zeiten 1933–1945. 2 Bde. Marbach 1983.

Ziolkowski, Theodore: Das Wunderjahr in Jena. Geist und Gesellschaft 1794/95. Stuttgart 1998.

Personenregister

Addison, Joseph 20
Adelung, Johann Christoph 7 f., 19
Adorno, Theodor W. 92
Aischylos 26, 34 f., 37, 40, 49 f.
Alexander der Große 38
Anouilh, Jean 32
Ariosto, Ludovico 57, 100
Aristophanes 26, 36, 49
Aristoteles 26, 34 f., 47, 49
Arnim, Bettine von 11
Arnim, Ludwig Achim von 77, 79, 89
Augustus 37

Bach, Johann Sebastian 104
Baskerville, John 57
Beethoven, Ludwig van 21, 104–107
Berlioz, Hector 107
Bernhardi, August Ferdinand 55
Bligger von Steinach 98
Boccaccio, Giovanni 100
Bode, August 55
Bodoni, Giambattista 57
Boileau, Nicolas 46, 101
Böttiger, Karl August 59
Brahms, Johannes 106
Brecht, Bertolt 7, 34, 109 f.
Brentano, Clemens 55, 77, 79, 89
Brutus, Marcus Iunius 52
Bury, Friedrich 93
Bürger, Gottfried August 85
Büsching, Johann Gustav 55
Butler, Eliza Marian 54
Byron, George Gordon Noel 53 f.

Calderón de la Barca, Pedro 102
Campe, Joachim Heinrich 52
Carl August von Sachsen-Weimar 44, 81 f., 93, 97
Caesar, Gaius Julius 13, 52
Cervantes Saavedra, Miguel de 97, 102
Chamisso, Adelbert von 54
Cicero, Marcus Tullius 13, 59
Conze, Alexander 112
Corneille, Pierre 60, 86, 101 f.

Dante Alighieri 50, 60, 100
Darwin, Charles 8
David, Jacques-Louis 52
Didot, François Ambroise und Firmin 57 f.
Dilthey, Wilhelm 79
Dionysios von Halikarnaß 38

Eckermann, Johann Peter 93
Eichendorff, Joseph von 89, 99
Einstein, Albert 8
Elgin, Thomas 53
Empedokles 59
Engel, Johann Jakob 20
Engels, Friedrich 8, 109
Ephialtes 27
Erdmannsdorf, Friedrich Wilhelm von 45
Euripides 26, 34–37, 49
Eutropius 59

Fichte, Johann Gottlieb 83, 92
Flaxman, John 50 ff.
Forster, Johann Georg 71

Friederike von Mecklenburg-Strelitz 44, 51
Friedrich Wilhelm III. von Preußen 44
Fuhrmann, Manfred 41

Gadamer, Hans-Georg 7
Gellert, Christian Fürchtegott 17, 72
Gellius, Aulus 15 ff., 19, 23 f., 38, 41
Gervinus, Georg Gottfried 76
Gluck, Christoph Willibald 105
Görres, Joseph 54
Göschen, Georg Joachim 58 f.
Goethe, Johann Wolfgang 8–13, 16, 19 ff., 34, 37, 43, 47–51, 53, 55, 59 f., 63 f., 69, 71–94, 100 ff., 104 ff., 109, 114
Gottfried von Straßburg 98
Gottsched, Johann Christoph 18, 46, 67, 82, 102
Gracchus, Tiberius und Gaius Sempronius 52
Grass, Günter 21
Gutzkow, Karl Ferdinand 82

Hadrian 37
Hagedorn, Friedrich von 70, 72
Hardenberg, Friedrich von s. Novalis
Harnack, Otto 77
Hartmann von Aue 98
Hasse, Johann Adolf 105
Hauptmann, Gerhart 32
Haydn, Joseph 104, 106 f.
Hegel, Georg Wilhelm Friedrich 74 f., 92
Heine, Heinrich 65, 99
Heinrich von Veldeke 98
Heinse, Wilhelm 11
Heinsius, Theodor 73
Herder, Johann Gottfried 9, 13 f., 17, 19 f., 47, 55, 74, 79, 82 f., 87 ff., 92
Herodot 26, 39, 49
Hillebrand, Joseph 76
Hitler, Adolf 114
Hoff, Rayner 32
Hölderlin, Friedrich 9, 46, 54, 63, 74, 76, 78 f., 83, 110
Holz, Arno 12
Homer 11, 13, 39 f., 48–52, 59, 62, 74, 90, 105, 112
Horaz 13, 40, 48 f., 57, 100
Horn, Franz 73 f.
Humboldt, Wilhelm von 89

Iffland, August Wilhelm 84

Jean Paul 9, 11, 19 f., 51, 69, 74, 77 ff., 89, 92, 110
Jefferson, Thomas 61 ff.
Jenisch, Daniel 90 f.
Juvenal 57

Kant, Immanuel 46, 65, 85 f.
Kleist, Heinrich von 9, 55, 77, 79
Klenze, Leo von 44
Klingemann, August 55
Klinger, Friedrich Maximilian 83
Klopstock, Friedrich Gottlieb 9, 19, 48, 58, 60, 70, 72 ff., 78, 84
Korff, Hermann August 79 f.
Kotzebue, August von 84

Langhans, Carl Gotthard 44
Laube, Heinrich 70, 75
Lenz, Jakob Michael Reinhold 83
Leopold III. Friedrich Franz von Anhalt-Dessau 45
Lessing, Gotthold Ephraim 9, 17, 46 f., 70, 74 f., 79, 83 f., 102
Liszt, Franz von 82
Livius, Titus 13, 40
Ludwig I. von Bayern 44
Ludwig XIII. von Frankreich 101
Ludwig XIV. von Frankreich 98, 100 f.

Luise von Mecklenburg-Strelitz 44, 51
Luther, Martin 23
Lykurg 37

Machiavelli, Niccolò 100
Mahler, Gustav 21, 107
Manso, Johann Kaspar Friedrich 20
Marx, Karl 8, 109
Mendelssohn-Bartholdy, Felix 106 f.
Mereau, Sophie 55
Merkel, Garlieb 19
Milton, John 57
Molière, Jean Baptiste Poquelin 101 f.
Morgenstern, Carl Simon 59
Moritz, Karl Philipp 63 ff., 74
Mozart, Wolfgang Amadeus 21, 104 ff.
Müller, Adam Heinrich 55
Müller, Heiner 32
Müller, Wilhelm 54
Myron 26

Napoleon I. Bonaparte 52 f.
Nestroy, Johann 108
Niemetschek, Franz Xaver 105
Nietzsche, Friedrich 77, 82
Novalis 49 ff., 63, 70, 76, 78, 83, 89, 95

O'Neill, Eugene 32
Ovid 40, 48

Perikles 24 f., 27
Perrault, Charles 45
Persius Flaccus 57
Petrarca, Francesco 60, 100
Pheidias 26
Philipp II. von Makedonien 25
Pictor, Quintus Fabius 40
Pindar 49, 105
Platon 20, 26, 49
Plautus 49
Plutarch 49
Polyklet 26, 30 f.
Prillwitz, Johann Carl Ludwig 58
Pythagoras 28 f.

Racine, Jean Baptiste 86, 101 f.
Rauch, Christian Daniel 75
Reichardt, Johann Friedrich 55
Reinmar von Hagenau 98
Richter, Johann Paul Friedrich s. Jean Paul
Rietschel, Ernst 76
Robespierre, Maximilien de 90
Rousseau, Jean-Jacques 49, 95, 100
Rumohr, Carl Friedrich von 65
Runge, Philipp Otto 90

Schadow, Johann Gottfried 44, 51, 90
Schelling, Friedrich Wilhelm Joseph 83, 92, 95
Schiller, Friedrich 8 f., 19, 21, 33 f., 37, 47, 52, 55, 59 f., 63 ff., 69, 74, 76 f., 79–89, 91 f., 102, 104 f., 107, 109
Schinkel, Karl Friedrich 44
Schlegel, August Wilhelm 50 f., 55, 74, 78 f., 83, 92, 95
Schlegel, Friedrich 17, 19, 21, 49, 55, 69–72, 74, 76, 77, 78 f., 83, 95
Schliemann, Heinrich 112
Schönberg, Arnold 21, 107
Schubert, Franz 107
Schultz, Franz 67
Schumann, Robert 106 f.
Seckendorff, Leo von 55
Shakespeare, William 18, 20, 23, 60, 70, 84, 86, 97
Sokrates 26, 49
Sophokles 26, 34–37, 46, 49
Stein, Peter 32

Strauss, Richard 21, 107
Strich, Fritz 79 f., 110 f.

Tasso, Torquato 100
Thomasius, Christian 18
Thukydides 26, 39
Thümmel, Moritz August von 72
Tieck, Ludwig 55, 77 f., 89

Unger, Johann Friedrich 58

Vergil 13, 39 f., 48 f., 57, 63, 100
Vitruv 59, 62
Voltaire 100
Voß, Heinrich 74
Voß, Johann Heinrich 16, 48, 52, 66, 74, 84

Waldstein und Wartenberg, Ferdinand von 104
Walser, Martin 110 f.
Walther von der Vogelweide 21, 98
Walzel, Oskar 66 f.
Wedgwood, Josiah 49 f., 52, 59
Wieland, Christoph Martin 9, 17, 48, 55, 58, 60, 63, 66, 72 ff., 77, 79, 82, 83, 87, 91 f., 105
Winckelmann, Johann Joachim 11 f., 31, 42, 46 ff., 52, 66, 74, 86, 105, 112
Wolf, Christa 32 f.
Wölfflin, Heinrich 77, 79
Wolfram von Eschenbach 98

Xenophon 20

Gerhard Schulz bei C. H. Beck

Gerhard Schulz
Romantik
Geschichte und Begriff
2., durchgesehene Auflage. 2002.
144 Seiten. Paperback
(Beck'sche Reihe Band 2053 – C. H. Beck Wissen)

Gerhard Schulz
Exotik der Gefühle
Goethe und seine Deutschen
1998. 223 Seiten. Leinen

Helmut de Boor
Richard Newald (Hrsg.)
Geschichte der deutschen Literatur
Band 7: Die deutsche Literatur
zwischen Französischer Revolution und Restauration
Erster Teil: Das Zeitalter der Französischen Revolution
1789–1806
Von Gerhard Schulz
2., neubearbeitete Auflage. 2000.
XIV, 768 Seiten. Leinen
Zweiter Teil: Das Zeitalter der napoleonischen Kriege
und der Restauration 1806–1830
Von Gerhard Schulz
1989. XIV, 912 Seiten. Leinen

Novalis
Werke
Herausgegeben und kommentiert von Gerhard Schulz
4. Auflage. 2001.
VIII, 880 Seiten. Gebunden

Verlag C. H. Beck München

C.H.BECK WISSEN
in der Beck'schen Reihe

Zuletzt erschienen:

2048: Honomichl, **Insekten**
2188: Schwentker, **Die Samurai**
2190: Pohl, **Geschichte Japans**
2193: Sautter, **Die 101 wichtigsten Personen der Weltgeschichte**
2194: Rothermund, **Geschichte Indiens**
2195: Hornung, **Das Tal der Könige**
2196: Schwaiger/Heim, **Orden und Klöster**
2197: Berger, **Paulus**
2198: Haarmann, **Geschichte der Schrift**
2199: Wuketits, **Was ist Soziobiologie?**
2207: Budde, **Schuberts Liederzyklen**
2300: Dittmann, **Der Spracherwerb des Kindes**
2301: Fuchs, **Die Parkinsonsche Krankheit**
2302: Patzek, **Homer und seine Zeit**
2303: Lang, **Himmel und Hölle**
2304: Witzel, **Das Alte Indien**
2305: Schlögl, **Das Alte Ägypten**
2306: van Ess, **Konfuzianismus**
2308: Pabst, **Die Athenische Demokratie**
2309: Heinen, **Geschichte des Hellenismus**
2310: Schneede, **Vincent van Gogh**
2311: Vorländer, **Demokratie**
2312: Berghahn, **Der Erste Weltkrieg**
2313: Schreiner, **Maria**
2314: Stöver, **Der Kalte Krieg**
2315: Kolb, **Gustav Stresemann**
2316: Reutter, **Voodoo**
2317: Hacker, **Menschen, Seuchen und Mikroben**
2319: Padberg, **Bonifatius**
2320: Osterhammel/Petersson, **Geschichte der Globalisierung**
2321: Gronke, **Geschichte Irans**
2322: Rothermund, **Mahatma Gandhi**
2323: Schorn-Schütte, **Königin Luise**
2324: Herz, **Geschichte Israels**
2326: Kratz, **Die Propheten Israels**
2327: Bohn, **Die Piraten**
2328: Cancik-Kirschbaum, **Die Assyrer**
2329: Schulz/Doering, **Klassik**